Routledge
Taylor & Francis Group

13 个

Helping Students Motivate Themselves

教学难题
解决手册

Practical Answers to Classroom Challenges

屡获殊荣的美国明星教师数十年教学经验总结

〔美〕拉里·费拉佐 Larry Ferlazzo

中国青年出版社
CHINA YOUTH PRESS 中青文传媒

图书在版编目（CIP）数据

13个教学难题解决手册 /（美）费拉佐著；崔月影译.
—北京：中国青年出版社，2014.1
书名原文：Helping students motivate themselves: practical answers to classroom challenges
ISBN 978-7-5153-2050-2

Ⅰ.①1… Ⅱ.①费…②崔… Ⅲ.①中小学 – 教学研究 – 手册 Ⅳ.① G632.0-62

中国版本图书馆 CIP 数据核字（2013）第 269285 号

13个教学难题解决手册

作　　者：〔美〕拉里·费拉佐
译　　者：崔月影
责任编辑：肖　佳　胡莉萍
美术编辑：刘方堃
出　　版：中国青年出版社
发　　行：北京中青文文化传媒有限公司
电　　话：010-65511270/65516873
公司网址：www.cyb.com.cn
购书网址：zqwts.tmall.com　www.diyijie.com
制　　作：中青文制作中心
印　　刷：三河市文通印刷包装有限公司
版　　次：2014 年 1 月第 1 版
印　　次：2014 年 1 月第 1 次印刷
开　　本：787 × 1092　　1/16
字　　数：150 千字
印　　张：12.5
京权图字：01-2013-3772
书　　号：ISBN 978-7-5153-2050-2
定　　价：28.00 元

Contents
目录

序 言

我在路德伯班克（美国加利福尼亚州首府，即萨克拉门托）高中任教7年，并且还曾担任过地方社区的组织者长达19年——本书正是基于这些长期积累的经验而创作的。

写这本书最初是因为我意识到：作为一名教师，我如果想尽可能达到高效率，就需要寻求一些方法——这些方法既要能帮助学生们学习知识，还要能培养他们的高阶思维能力以及未来作为一名优秀的团队领导者所必须具备的素质，即自我激励、个人责任感和坚持不懈的毅力。越来越多的研究表明，这些素质对于事业、学业以及生活中的成功都至关重要。比如，2011年的一项研究综述回顾了涉及近300,000名学生的200多项研究，结果发现涉及以上相关话题的简单课程大幅度地提高了学生们的学习成绩。

我认为上文提到的这些素质需要与学生们的学习技能共同加以培养和锻炼，这也是本书的一个核心思想。我们承认其他的生活技能十分重要，但是在今天的社会中，对于我们的大多数学校而言，老师和学生的主要责任还是教授和学习学习技能。

本书分享了一些经过课堂验证、能够帮助我们同时实现这两个目标的策略，大多数的章节都是按照相似的结构展开的：首先，在每一章的开篇会就某一个常见的课堂难题来发问，并设想一名教师就这个课堂问题可能提出的抱怨或忧虑。这些设想虽是"虚构"出来的，但我确信其中的大部分内容是我们在执教生涯中所说过的话，或者是在某一时刻真正产生过的想法。

接下来，我们将会讨论老师要采取的即时对策。所谓"即时对策"，就是指教师在事情发生的当天所要采取的即时的应对策略。在介绍每一种可能的应对策略时，我都会提出相关的研究对其予以支持，而文中所提出的几乎所有建议都支持培养学生的高阶思维能力，同时要求强化学生的自我激励能力、个人责任感和坚持不懈的毅力。此外，书中还零零散散地阐述了一些观点，虽然它们不一定旨在进一步促进这些素质的培养，但也不会产生什么破坏作用，在我看来，此类观点也是有效的，正如拉尔夫·瓦尔多·爱默生在他的作品《自立》中写到的那样："愚蠢的一致性就是头脑狭隘人士的心魔"。

在接下来的内容中，我们还要讨论一下准备策略，这一部分会针对老师如何彻底解决问题提出一些观点以及辅助性研究。

每一章都会提供一份或者几份详细的教学设计样本，这也是对"准备策略"部分中所提建议的具体实施。每一次的教学设计都会包括课程所涵盖的"语言艺术共同核心标准"。这些课程对于将教学技术融入到活动中提供了具体的建议，虽然每次课程中所建议的教学技术都不同，但大多数关于教学技术的建议对于本书中的所有课程都是适用的。在问题13这一章节中单独列举了一系列关于在课堂中运用教学技术的活动，在这些活动的辅助之下，这些建议为如何有效地使用教学技术来加强学生的学习提供了多种不同的方式。然而在真实的课堂中，教师和学生们所面临的问题远不止于此。如果你或你的同事们正在面临着一些其他的挑战，欢迎大家登录以下网站：http://larryferlazzo.edublogs.org/contact-me/，在上面留言，和我们一起分享；如果对于解决某些普遍的课堂问题，你有自己的一套行之有效的办法，也希望大家在这一网站上和我们一起分享。

这本书并不是一本路线图，恰恰相反，它应该是一个指南针，为我们和我们的学生指引正确的方向。

第一部分

课堂文化

Classroom Culture

问题1

如何激励你的学生 ❓

> 我非常努力地试图去激励这些孩子，虽然有一些孩子成功地受到了激励和鼓舞，然而，还有很多孩子并没有获得任何动力，对于这些孩子来说，"勉强过得去"似乎就是他们所希望的。作为这些孩子们的"啦啦队队长"，我试着鼓励他们，但这让我身心疲惫，感觉自己就好像在与一些学生进行拔河比赛，我费心尽力却毫无结果。为什么他们不能放弃被动，转为主动地去争取呢？

老师在努力激励学生的过程中往往会采取一些奖励策略，比如，老师可能会对学生说："如果你读了一定量的书，就会得到一个奖品！"，或者会提出表扬："做得好！"，以此来给学生加油鼓劲儿。同样的，老师也会"放弃"某些学生，有时候可能会说："他们就是不想学习！"

也许，你通过威胁、哄骗、纠缠或者贿赂等方法使某个人在短时间内去做某一件事情，但是，要想让一个人长期坚持去做某件事就没那么简单了，这是社区组织者们的共识。

组织者们认为，任何人都不可能真正地激励其他人，但是，我们却可以帮助他人发现他们用以实现自我激励的方法。

这句话的含义和爱德华·德西所提出的观点很相似。爱德华·德西是研究"内在动机"的先驱者和权威人士之一，他曾写道："我们要问的不应是'如何激励他人'，而应该是'如何能创造条件来帮助他人实现自我激励'。"事实上，这种观点与"激励"的英文单词"motivation"的词根是一致的，"motivation"来源于"motive"，这个单词在15世纪指的就是一种能量，这种能量能够"通过一个人的内在机制引导其行为举止，促使其遵循某种特定的方式或原则"。

当我们试图激励学生的时候，常常会失败，因为这种能量来源于我们，而当我们帮助学生去发觉他们自身的动力并极力要求他们去采取行动时，这种能量则更多的来自于他们自己。

社区的组织者把这两种情况称作"刺激、激怒"和"激励、激发"的区别，前者指的是"迫使别人去做你希望他们去做的事情"，后者则是指"在当事人确定了他们生命中的重要目标后，你推动他们去采取行动努力达到"。

事实上，许多老师往往都会采用奖励制度来"激励"我们的学生，然而，他们并不知道，这一制度实际上隐藏着危险，因此，本章将首先简要地回顾一下相关的研究，然后讨论几个可供教师即学即用的策略，以帮助学生发现自己的内在动力，最后，我们会提供一些准备策略以及相应的教学设计样本，帮助学生识别更多内在动机的来源。

许多研究结果表明，通过给予学生奖励来诱使他们完成我们所期望的行为会长期制约学生内在动力的形成，这可能和许多人一直以来的观点是相违背的，但事实确实如此。正如丹尼尔·平克在其作品《驱动力》中写的那样："奖励可以提供一个短期的推动作用，就好像摄入很少的一点咖啡因就能让你的精神多振奋几个小时一样。但是，这种作用很快就会消退，更糟的是，这种方式很可能会减少一个人继续某一项目的长期动力。"

研究人员相信确实会出现这种内在动力的遗失，因为"这种状态依赖报酬激励"，如果你做了，就会得到相应的奖励，这样会迫使人们放弃他们的一些自主性，而爱德华·德西、丹尼尔·平克和威廉·葛拉瑟都强调了自主性对于学生乃至我们所有人都是至关重要的。经济学家罗斯·罗伯茨在和丹尼尔·平克的一次访谈中曾谈到："没有人希望自己像一只身处迷宫的老鼠。"他的话也正强调了自主性的重要。

尽管如此，奖励（和处罚）机制对于引导人们去做那些很容易就能完成的机械性和常规性的工作还是很有效的，例如，奖励机制能够激励员工提高自身的工作效率，能够带动学生对自身的课堂行为做出一些基础性的改变，然而，奖励对于推进任何需要高阶思维能力的事情都具有破坏性。我们将在第四章对课堂中可能出现的这两种结果进行详细的描述。

当然，我们都需要并且希望得到丹尼尔·平克所说的"基线奖励"，这些是适当"补偿"的基础，在学校，这些基础要素可能包括希望得到公正评分的学生，既有爱心又充满魅力的老师以及一间干净整洁的教室。丹尼尔·平克在他的书中写道：

如果一个人得到的"基线奖励"不恰当或者不公平，那么他所关注的焦点就会集中在他所处境遇的不公平以及对于自身情况的焦虑上，结果，他既感受不到外在动力的可预测性，也体会不到内在动力的奇特之处，总而言之，他根本不会得到任何动力。然而，一旦我们跨过那道门槛儿，胡萝卜加大棒的办法就能够取得和它们预期目标相反的效果。

以上这些观点并不是指学生所获得的成功不应被承认和庆祝，关键是我们不要单纯地把它当作一个"胡萝卜"，相反，应该把它视为一份意外的"奖赏"。

"incentives"（激励、奖励）这个单词来源于"incendere"，指的就是"点燃、激起、照亮"。这个词语的中心思想并不是告诉学生他们必须要在特定时间、特定地点、按照特定方式准备生火，否则他们就会被冻死或者被狼吃掉；它也并不意味着如果按照我们说的做，他们就会多得到一包棉花糖；相反，其目标是要找到他们想要生火的位置以及原因，帮助他们学习如何使用火柴或打火石，并且给他们提供一些意见，告诉他们可以找到干木头的最佳位置。

我们在这一章提出一些关于如何帮助学生通过物质奖励来激励他们自

身的想法，尽管这不是本章节最主要的目的，但是研究表明：如果人们实现了目标，用一些奖励来慰劳自己对于他们自身是很有帮助的。这一研究发现可以运用到课堂中，比如，学生可以列出在他们实现了自己的目标之后用来褒奖自己的方法，如玩一晚上的电子游戏，晚睡，等等。

即时对策

表扬学生要具体实际

如果我们对学生只是泛泛的表扬，比如说几句"你非常聪明"之类的话，那么之后，许多孩子可能就不再愿意尽自己最大的努力去冒险了，他们将更加注重维护自己的形象，害怕如果犯了错就会很尴尬。因此，我们要对学生所付出的努力和具体的行为予以表扬，对于前者，你可以说："今天你学得非常踏实！"，而对于学生的某一个具体行为，你可以说："你的主题句很好地传达了文章的主要思想。"这样的表扬会使他们感觉成功与否更多的是由他们自己控制着的，而且他们的优秀表现并不依赖于天生的智力。在本书的第五章中，我们会对这一话题进行更深入的探讨。

和学生建立关系

老师可以通过向学生表明自己对他们很关心，也可以通过了解学生的生活、梦想和所遇到的困难等多种方式来和学生建立良好关系，而这正是老师帮助学生实现自我激励的关键。雅米·琼斯博士和其他一些研究者，如波斯尼克-古德温，也已证实了老师对学生的关怀可以帮助学生构建一种"弹性特质"，即坚持不懈和克服困难的能力。通过了解学生的兴趣爱好，老师可以将课堂上所要教授的东西和学生的生活结合起来，以此来发现学生的短期和长期目标。

正如威廉·葛拉瑟等研究者所发现的那样，对于许多学生来说，只有当他们意识到其所学课程可以帮助他们实现短期或长期目标时，他们才会努力学习。

采用合作学习的教学策略

老师上课富有魅力也是学生所期望的一种"基线奖励"，乏味无聊的课程对于培养学生的内在学习动力没有任何帮助。当然，这也并不意味着老师就要穿上戏服成为喜剧演员，供学生娱乐。学生的这一要求实际上是建议老师们要最低限度使用讲座形式，而要尽可能多地采用有利于合作学习的教学策略。有效的教学策略大多数都涵盖着合作学习的教学形式，这类策略就像"思考—对话—分享"的学习法一样根本而重要，又像"问题导向学习"和"基于项目的学习"一样具有针对性。在问题12这一章中，你可以了解更多关于如何实施合作学习策略的具体信息。

向学生说明在学校表现良好所带来的经济和健康优势

已经有多项研究证实，受教育水平的差距是导致收入差距不断拉大的一个重要原因。例如，根据美国人口普查局的统计，具有高等学历的成年人的收入是高中学历者收入的4倍，同样，受教育水平的差异也会造成失业的时间长短、个人的总体健康状况甚至是人的寿命长短的差别。研究表明，向学生展示这些信息会使他们更有学习的动力。

为学生创造自主决策的机会

一旦人们相信自己对所处环境有更多的控制能力时，他们往往会变得更有动力，更加自信。一位动机研究者曾经说过："具备低功率思维和心态的人不够积极主动，其行动力要比与之相反的人差得多。"老师应该多鼓励学生表达他们的观点，让他们对课堂中的相关问题进行自主决策，这些问题包括：学生应该坐在哪里，老师应该在哪一天对他们进行测试，课本单元应该按照什么样的顺序进行学习，甚至是一株植物应该放在教室中的什么位置等等。通过这种方式，老师可以帮助学生培养一种更强烈的控制感，同时，在课堂中采用这种方式会减少纪律问题，这也是它的另外一个好处。威廉·葛拉瑟认为权力是学生的一项关键需求，95%的课堂管理问题都是因为学生试图满足这种需求而发生的。

准备策略与教学设计

策略一：大脑就如同肌肉一般

人的智力并不会固定在某一个特定的水平，实际上，我们可以通过学习令自己的大脑不断成长，经研究证实，学生们对这一点的了解也可以帮助他们培养自身的内在动力，这一领域的权威研究者——卡罗尔·德韦克把这一现象称为"成长心态"和"固定心态"的差异。人的能力会随着自身的努力而增长，同样，我们的脑细胞也会随着我们的学习而不断生长，懂得这个道理的人则会更加关注学习，成长也会更富有弹性。老师在实施了"大脑就如同肌肉一般"的教学之后，可以定期地将这一理论向学生进行反复灌输，或口头提醒，或通过让学生设计相关内容的海报贴在教室的墙壁上以示提醒。

课程设计

🎓 教学目标

通过本课的学习：

◇ 使学生们了解到通过努力学习新知识，他们的大脑可以不断成长。

◇ 让学生了解在学习新知识的时候，他们的大脑发生了怎样的变化。

🌀 时间长度

1课时，共45分钟。

🌐 汉语语言艺术共同核心标准 [①]

阅读

◇ 仔细阅读并明确文章的主要内容，然后根据文章做出合乎逻辑的推论，当通过书面或口头陈述来支持文章的结论时，要引用具体的文本内容作为证据。

◇ 确定文章的中心思想或主题，并对其发展脉络进行分析，然后总结出支持论点的关键论据和细节。

◇ 独立熟练地阅读并理解复杂的文学文本和说明性文本。

写作

◇ 在分析实质性话题或文本的过程中，用来支持文章观点的论据必须要令人信服，具有相关性且证据充足。

听&说

◇ 与不同的伙伴展开一系列的谈话和合作，以他人的观点作为依托，然后再清晰而有力地表明自己的想法。

语言

◇ 在写作和对话的过程中，要能够熟练掌握标准的汉语语法规则，

[①] 编者注：为方便中国读者阅读，本书对原书内容进行了一些改动。此处，将原书中的"英语语言艺术共同核心标准"改为"汉语语言艺术共同核心标准"。书中一些涉及国外的网站或表格内容均按国内实情作了适当调整。

并能正确使用。

◇ 在写作过程中，要能够熟练掌握标准的汉字书写、标点符号以及汉语词汇等方面的规则。

教学材料

◇ 为每一位学生准备一份关于"大脑学"的讲义材料，如《让你的智力成长》，一共4页。

◇ 需要电脑和投影仪，要给学生播放一段关于神经元增长的视频（在互联网上搜索"神经元是如何工作的"，可以选择任一有效链接）。

流程

第一天

◇ 老师在黑板上写出以下内容，或者通过投影仪进行展示：

选项一：是的，我认为大脑就像肌肉一样，你越锻炼它，它就会越强壮。

选项二：你生来要么聪明，要么愚蠢，这是注定的，没有办法改变。

◇ 之后，老师让学生写下他们同意哪一个选项，并写出原因，学生们可以和自己的同桌分享彼此的答案，然后让几位同学或全班同学分享他们的选择。

◇ 接下来，学生会分成不同的小组，彼此结成合作伙伴，然后轮流给对方阅读《让你的智力成长》中的段落。

◇ 学生们阅读第一页，要标注出他们认为可以传达文章主要思想的最重要的12个词语，然后在这一页上面写下一句话的概括和总结。老师要告诉学生学会对自己阅读的文章或段落进行总结才能算得上一位好的读者。在学生开始之前，老师要向学生解释：在阅读的过程中只强调突出几个词语是非常重要的，因为这种练习可以帮助学生培养这种技能，以便他们在将来只通过复习和回顾那些重点段落就可以记起之前所学的内容，而不必再花时间去阅读整本书。老师可以进行示范：首先，分别标注出两个段落，其中一个涵盖着重要信息，而另一个则没有；然后，老师给学生一分钟的时间，让他们判断哪一个比较好以及为什么；最后，让学生和同桌分享自己的判断，再让一些学生把他们的判断和全班同学来分享。

在大家读完第一页之后，让一些学生和全班同学分享一下自己对文章的总结和归纳。

◇ 接下来，让学生和同伴轮流阅读第二页，并标记出关键词，不能超过12个，然后写出自己的总结，并提出一个对这篇文章感到疑惑的问题，同时提示学生，一名好读者在读书时都会对文章内容提问题，然后，请一些同学和大家分享他们的总结和问题。

◇ 在读第三页的时候，让学生更换伙伴，然后按照阅读第二页时的步骤进行练习。除此之外，他们还要发挥另一种阅读技巧——想象力，把在阅读这一页时所看到的景象在脑海里画出来，然后用语言描述出来，同时老师要提示学生一名好的读者在读书过程中会在脑海中想象出一幅幅的图画。最后，仍然让一些学生和全部同学分享，并且把学生对自己想象中画面的描述投放到投影仪上。

◇ 在读第四页的时候，学生各自的同伴保持不变，仍要按照之前的步骤先标注重点信息，再总结主要内容，然后，加入"评估"的阅读策略，即要求学生写出他们是否同意文章中所提出的观点以及原因（或者写出他们是否喜欢这篇文章以及原因），同时提示学生好的读者在阅读过程中会对自己所读的文章或书籍进行评估。之后，让一些学生和全班同学分享他们的想法。

◇ 然后，老师播放一段简短的视频，向大家展示大脑中的神经元，并指出在我们学习新东西时，这些神经元会不断生长。

◇ 让学生就下面的问题写出他们的答案：

你认为人的智力是固定的，还是会生长的？为什么？请从文章中找出相关证据。

学生们应该按照一种固定的ABC模式来回答以上问题，具体形式为：1.回答问题，表明自己的观点。2.引用文章内容支持自己的答案。3.作出评论。老师可以用另一个话题来向大家示范应该怎样用这种形式来回答问题，表1.1也提供了一种模型（当然，老师也可以用自己的模型来示范）。

之后，学生们可以先和同伴分享自己的观点，然后老师请一些学生和全班同学分享他们的答案。

🍎 评估

◇ 我们可以简单地评估一下学生写下的答案是否符合ABC模式，如果老师认为有必要进行一个较为深入的评估，他可以制定适合其教室情况的评价量表。

⚽ 可能需要扩展或修改的方向

◇ 学生可以把他们学到的东西教给其他班级的同学。在了解了我们能够帮助自己的大脑成长之后，学生将这一概念传授给其他人的过程和行为本身会强化学生对教师的信任。

◇ 学生可以制作海报。老师先解释一下"字面语言"（如：我很饿）和"比喻语言"（如：我饿得都能吃下一匹马）的区别，然后让学生拿一张海报纸，在中间位置从上向下画一条线，将海报纸分成左右两个部分，由学生将左半部分命名为"处于非学习状态时的大脑"，将右半部分命名为"处于学习状态时的大脑"；接下来，学生可以选择按照原样绘制真实的大脑，或者画一幅具有象征性和比喻意义的大脑图，如果选择前者，学生可以借助关于神经元生长的视频中展示的图像以及关于"大脑学"的文章中出现的图片来绘制，如果选择后者，学生可以在海报上画两株植物来比喻不同状态下的大脑，左半部分的植物病恹恹的，而右半部分的植物则充满活力，苗壮成长。

◇ 在本课结束几天之后，老师可以提问学生以下几个问题：从本课中，你学到的最重要的一点是什么？你觉得这一课有趣吗？为什么？让他们将答案写在纸上后和自己的同伴彼此分享。

教学技术：幻灯片放映

在得到家长的书面允许之后，老师可以将学生制作的海报用相机照下来或者进行电子扫描，然后上传到互联网上进行展示，也可以将海报制作成PPT（演示文稿），然后上传到一个免费的互联网应用程序上。

表1.1 ABC模式

1. 回答问题，表明自己的观点。
2. 引用文章内容支持自己的答案。
3. 作出评论。

以下两个范本内容所针对的问题是：你想去爬珠穆朗玛峰吗？

例一

我想在年老之前去爬珠穆朗玛峰。我们今天阅读的文章的标题为《登上珠峰最老的人》，其内容是关于一位年过七旬的老先生计划成为登上珠峰年龄最大的人，文章中写道："目前，三浦雄一郎正在接受为期3年的训练，其中就包括关于成功登顶的训练。"我不想到了那个年纪再去为了自己一直想做而没有做的一件事情而后悔，冒险去完成自己的目标就是生活的真正意义所在。另外，我不想为了一件事而花费3年的时间去接受训练，因为我现在还年轻、强壮，所以接受训练并不会花费我那么多的时间。

例二

如果我有足够的时间和金钱，我愿意去爬珠峰。今天我们学习的文章为《来自斯波坎市的一位男士成为了登上珠峰的最老的美国人》，文章讲述了66岁的道斯·艾迪于2009年成功登上了珠穆朗玛峰，成为了登上珠峰年纪最大的美国人。这位老先生在他的博客上说："当你过了65岁，你是希望自己站在山顶上还是希望自己仍然有能力爬山呢？"我认为他提出了一个很好的观点，人们为什么仅仅因为自己老了，就要变得消极被动而停止冒险了呢？当我老了的时候，我希望我还能一直推动自己去学习、去尝试新的东西，因为这才是生活的真正意义所在！

策略二：设定目标

自主设定目标有助于学生对自身所关注的焦点进行引导，有助于他们对自己的进度进行评估，并为实现自己的目标而做出必要的改变。目标设定能够使学生们明确学习动机，收获更大的成果。由学生自行决定他们的目标对于他们的自主性培养来说十分重要，但是这一过程仍然需要老师来提供一些指导，帮助他们设定符合实际的期望目标，尤其是当他们所设定的目标和某一项正式评估中的数值相关时，老师的引导尤为重要。例如，老师可以告诉学生这一年中他们在常规评估中所取得成绩的平均增长值，以及在标准化考试中要达到各级水平所需要的分数。

除了那些明显的学术成就目标，西北地区教育实验室已经明确的自主学习者所具备的几项重要特征也被学生们视为想要培养和完善的素质，包括内在学习动力、自我控制能力、承担个人责任、元认知或自我反思能力以及以目标为导向的能力。"目标设定"的课程设计中包括对于这些素质的讨论，以及向学生介绍"目标设定"这一概念的详细过程。

事实上，相较于"学术成绩目标"，我们更要重视培养上述素质的"学习目标"，这类学习目标内容很广泛，比如，想要更加严谨地坚持每晚阅读半小时，通过鼓励每个人说话来提高小组学习的效率等。研究表明，更加关注学习目标的学生所取得的平均成绩要高于那些只想提高分数的学生。一份评论报告在回顾了100项研究后发现，"那些过于关注自己表现和成绩的学生的学习成绩却不如人意，他们的思维也缺乏批判性，而且更难战胜失败，这一现象极具讽刺意味。"

这一思想和社区组织者的操作方式很相似：在建设适用住房方面，组织团队往往比那些只专注于适用房发展的团队要有效率得多。同样，和传统培训机构的毕业生相比，社区的组织者更能帮助人获得一份可以支付最低工资与福利的工作。社区组织者成功的最主要原因在于他们关注的重点是帮助人们学习如何成为领导者，然后再利用住房和就业活动帮助人们发展其领导才能（领导才能和自主学习者的许多素质相同）。这一思想的目的就是帮助人们成为终身学习者，在此基础上，我们才会取得不错的成果。

当我们引导学生设定目标时，还需要牢记以下5点：

定期回顾目标

我们现在谈论的问题不是说只做一次"目标设定"的教学计划后就把它束之高阁，而是由学生来完成自己的"学期目标"表格（见表1.2）。

然后，他们可以用这份表格来指导他们完成其"每周目标"表格（见表1.3），每一次的"每周目标"并不一定都要和"学期目标"相关联，但是它必须要提供一定的指导作用，当然，学生也可以改变他们的目标。

表1.2 "学期目标"表格

姓名：_____

学期目标表

第一个学期结束的时间是在1月份，请思考一下你在本学期剩余时间中的成绩目标和学习目标，并完成这份表格。之后，我将对本表格进行复印，明天把表格交还给你。如果你能让父母或者其他监护人签字，将会得到额外的加分。

成绩目标

测试成绩

◆ 目前你在班级中的排名和成绩如何？ _____

◆ 在学期末，你希望你的排名和成绩达到怎样的程度？ _____

阅读分数

◆ 目前你在阅读流利程度方面得分如何？ _____

◆ 在学期末，你希望你的阅读流利程度得分达到多少？ _____

◆ 目前你在完形填空方面得分如何？ _____

◆ 在学期末，你希望你的完形填空得分达到多少？ _____

读书数量

◆ 至目前为止，你本学期已经读了多少本书？ _____

◆ 至学期结束的时候,你希望读完多少本书? _____

学习目标

你自己还有什么其他的目标吗(如希望自己更加积极,阅读更多具有挑战性的书,在课堂上承担更多的领导职责,更有组织性,等等)?

1. _____

2. _____

3. _____

为了实现目标,你打算每周要做的3件事:

1. _____

2. _____

3. _____

家长签名: _____

表1.3 "每周目标"表格

目标表

姓名: _____   日期: _____

目前在所在班级中的成绩: _____

目标: _____

实现方法: _____

我给上周自己在班中的表现打分:

      1   2   3   4   5   6   7   8   9   10

上周,我的目标是: _____

是否达到了? _____

为什么? _____

家长或监护人意见

姓名：_____

目前的联系方式：_____

问题或评论：_____

签名：_____

🖊 寻求合作伙伴的支持

确定自己的合作伙伴并寻求他们的支持对于实现自身的目标是非常有帮助的。在一系列关于制定并实践开支目标和运动目标的研究中，其中获得成功的案例表明得到合作伙伴的情感支持可以提高成功的概率。在确定了目标之后，学生可以选择他们在本学期的合作伙伴，由老师向学生示范一个真正有效的"讨论会"应该是怎样开展的，之后，老师可以组织他们每周参加一次会议，每次会议只需几分钟，讨论的内容包括以下两件事情：

1. 和彼此的伙伴分享自己过去一周的目标：你是否实现了上周的目标？如果你做到了，你是如何做到的呢？如果你失败了，你又会采取什么不同的方法呢？

2. 为你的伙伴提供积极的反馈和有益的建议。

🖊 提问

一项重要的研究表明，如何构建我们的目标对于我们能否实现目标具有很大的影响力，我们不应该只是盲目地列出目标，而应该首先自问一下我们能否实现它，换言之，我们不能只是在纸上写下"我这周的目标是学会勾股定理"，而应该写：

我这周能学会勾股定理吗？

是的，我这周一定能学会勾股定理！

先对自己提问、然后作出回答的这种方式要比单单列出目标所做出的肯定和承诺更加强烈。

公开自己的目标

公开自己的目标能够增加成功的机会。这种方法对于学生来说并非是强制性的，但有时候老师也可以积极鼓励他们公开自己的目标，例如，在每学年将近结束时，让学生回答以下问题，并将其制作成海报：

你有什么办法能够帮助自己在本学年取得优秀的学习成绩？请至少列举3种。

你有什么办法能够帮助你的同学在本学年取得优秀的学习成绩？请至少列举一种。

这些海报可能会被贴到教室的墙上，而学生们可能会定期地回顾它们，因为让学生在面临挑战的时候回顾这些海报对他们来说是一种暗示，以提醒他们要将注意力集中在目标上，同时，对于老师而言，这同样是一种暗示，会提示老师要定期地提醒学生们。

设计实现目标的行动计划

彼得·德鲁克曾经说过："所谓的'最好的计划'必须要放到实践中去验证，否则它仅仅是一个美好的愿望"。除了要帮助学生确定他们的目标，老师还需要辅助他们制定切实可行的计划来帮他们去实现目标。制定的计划越具体，成功实现目标的可能性就越大，由老师向学生展示案例就是方法之一，而"概念获得"的教学方法则是示范的最佳方式。

"概念获得"是归纳学习法的一种形式，在归纳学习法中，学生会利用给定的案例来构建出一种模式或者归纳形成一个概念或规则，相反，在演绎学习法中，学生首先会被给予一个概念或规则，然后运用这个概念或规则。老师可以利用"概念获得"的方法并制定一份表格（见表1.3）来帮助学生制定有效的计划。

老师可以通过投影仪将这份计划表展示给大家。首先，遮盖其他所有内容，而只将"是"和"否"两个大标题露出来；然后，告诉学生老师将展示关于行动计划的一些案例，其中有效的行动计划会放在"是"的标题下面，而不够有效的则放在"否"的标题下面，同时，要求学生思考为什么有的计划有效，而有的计划不够有效；紧接着，分别展示"是"和"否"下面的第一条内容，然后让学生采用"思考—对话—分享"的形式来讨论这两条内容的区别并给出他们的答案。之后，继续按照这个过程进行展示，直到学生们发现两者最关键的区别就在于内容的"具体性"，这时，老师可以让学生来改正和完善"否"下面的案例，使之变得有效，或者让学生提出更多有效的行动计划。

"概念获得"的教学方法可以被有效地运用到所有科目中不同类型的课程当中。

课程设计

📋 教学目标

通过本课的学习：

◇ 进一步培养学生运用阅读策略理解文章的能力。

◇ 帮助学生理解设定目标以及为之制定有效行动计划的重要性。

◇ 确定学期目标，并制定实现学期目标的有效计划。

📄 时间长度

第一天：1课时，共45分钟；第二天：20分钟。

🌐 汉语语言艺术共同核心标准

阅读

◇ 确定文章的中心思想或主题，并对其发展脉络进行分析，然后总结出支持论点的关键论据和细节。

◇ 独立熟练地阅读并理解复杂的文学文本和说明性文本。

写作

◇ 在分析实质性话题或文本的过程中，用来支持文章观点的论据必须要令人信服，具有相关性且证据充足。

听&说

◇ 与不同的伙伴展开一系列的谈话和合作，以他人的观点作为依托，然后再清晰而有力地表明自己的想法。

语言

◇ 在写作和对话的过程中，要能够熟练掌握标准的汉语语法规则，并能正确使用。

◇ 在写作过程中，要能够熟练掌握标准的汉字书写、标点符号以及汉语词汇等方面的规则。

教学材料

◇ 为每位学生准备一份两页以"目标"为主题的讲义材料，如：

《哈佛商学院：关于目标》

《迈克尔·乔丹谈目标》

◇ 为每位学生准备一份"学期目标"表格，形式和内容请参考表1.2。

◇ 为每位学生准备一份"每周目标"表格，形式和内容请参考表1.3。

◇ 准备一张海报，上面列出自主学习者具备的主要特征：内在动力、自我控制能力、承担个人责任、元认知或自我反思能力以及以目标为导向的能力。

◇ 准备一份关于"概念获得"的案例（见表1.4）。

流程

第一天

◇ 老师在黑板上写下"目标"这个词，然后让学生在纸上写出这个词语的意义是什么，他们曾经实现的一个目标，以及他们是如何实现这一目标的。对于后两个内容，老师应该用自己的亲身经历为学生做一个示范。在学生写完之后，要和自己的伙伴分享，老师可以让几名学生和全班同学分享他们所写的经历，最后，向大家解释今天这节课的内容就是要了解"目标"。

◇ 老师把《哈佛商学院：关于目标》的材料分发给全体学生，这份材料讨论了一项研究,该研究表明拥有明确目标的学生要比没有目标的学生更加成功。然后,将学生分成不同的小组,每个人轮流给小组成员阅读材料中的段落。在阅读材料时,他们要标注出自己喜欢的两个短语(每个短语不能超过8个字),然后再用一句话概括出文章的主要信息。接下来,每一组学生要和另一组学生分享各自标注出的短语和一句话概要,结束后,老师让其中几名学生和全班同学分享他们标注的短语和概要。

◇ 接下来,老师将《迈克尔·乔丹谈目标》的材料分发给全班学生,让他们采用相同的过程进行阅读。

◇ 完成以上环节之后,要求学生确立自己的目标并制定实现目标的行动计划。

◇ 老师向学生说明目标可以分为两类,第一类是"成绩目标",包括平均成绩、考试成绩、你想读多少本书,等等,另一类是"学习目标",例如希望自己的写作水平能够提高,希望在课堂上能够集中注意力,等等。

◇ 依据上文所述,老师要准备一张海报,上面列出自主学习者具备的主要特征,然后将海报贴在教室的墙壁上。在这一环节里,老师带领大家对这些特征进行回顾,并让学生记下来,同时让他们用自己的语言对这些特征进行定义。结束之后,学生们要和自己的同桌互相分享,再在班里共同讨论。老师要向学生说明培养和完善这些素质也可以成为一种学习目标。

元认知或自我反思能力对于学生来说理解起来尤其困难,老师们可以把这一概念解释为"当你在进行某项活动的过程中以及活动结束之后的一段时间中,你和自己进行的一种'自我对话'"。通过元认知或自我反思,我们可以解释自己找到问题答案、理解文本或概念的整个思维过程,就好像在数学课上,我们一般都要展示整个解题步骤,而不是单单给出最后的答案。意识到这一过程不仅可以帮助你发现可能犯的错误,还可以让你更清楚哪种模式能够帮助你更好地学习,这与把写的东西大声读出来能够帮助我们更容易发现其中的错误的道理是一样的。

◇ 老师向学生说明在我们设定目标的同时还需要制定一个实现目标

的计划，同时，利用上文中"设计行动计划"一节描述的过程带领大家回顾一下"概念获得"表格。

◇ 接下来，给学生分发一份"学期目标"表格，由他们自主填写。如果学生们下课时还没有完成，可以将其作为家庭作业布置给他们。

第二天

◇ 老师带领学生回顾一下前一天开展的关于"目标"的讨论，同时检查每个人的"学期目标"表是否完成了。随后，向学生说明他们需要开始着手准备一份"每周目标"表格，这份表格要集中于他们在"学期目标"表中列出的一个或两个目标上，在家长签名之后，学生将该表交给老师，每周一次。在这一过程中，学生要自行决定每一个目标具体在哪一周完成，以及为了完成每一个目标都需要制定怎样的行动计划。

◇ 接下来，让学生自行选择一位合作伙伴，以便日后共同回顾彼此的"每周目标"表。老师要向学生说明在他们组织第一次讨论会时，他会在旁边观察他们是如何进行讨论和交流的。现在，所有人需要做的是互相分享他们写的目标和行动计划，然后向同伴征求意见和反馈。

◇ 学生们结成合作伙伴，在学生同意公开自己想法的前提下，老师选择其中几位来和大家分享他们的想法。老师可将他们目前的成绩写在每一份表格上面，由学生交给家长签字，然后在下周五之前交还给他。

🍎 **评估**

◇ 老师要求学生采用ABC模式来回答以下问题：你认为目标重要吗？如果重要，为什么？如果不重要，又是为什么？

◇ 老师将学生填写好的"学期目标"表格收上来之后，进行复印，再将原件发还给他们；然后，评估学生是否遵循了制定目标和行动计划的指导，如果没有，可以再次使用"概念获得"的策略，借用学生在目标表中填写的目标和计划作为案例在课堂上进行分析。

⚽ **可能需要扩展或修改的方向**

◇ 具体实施让学生完成"每周目标"表格的想法。

◇ 在阅读练习的过程中，学生已经从两篇文章中标注出了几个短语，老师可以让他们选出其中的一个短语，制成海报，并向其他同学展示，然后将这些海报贴在教室的墙壁上，这也是一种很好的提醒方式。

教学技术：在页面上添加注释

老师的传统做法是把文章打印出来，让学生在纸质版本上面做注释和标记，如果条件允许，可以让学生们使用一种在线注释应用程序，如Webklipper或Crocodoc，这种在线应用程序可以让用户在网页上面编写虚拟的便利贴。

策略三：保持充足睡眠

一些学生没有什么学习动力的原因之一可能在于他们得不到充足的睡眠，所以在学校时非常困倦。青少年的身体机制很"怪异"，他们往往睡得晚，起得也晚。也正因为如此，一些学校开始将早上的上课时间延后，但事实上，在许多地区都不太可能做出类似的调整。基于这一点考虑，我们必须要让学生意识到得不到充足睡眠会给他们造成的不良影响，因为这种意识可以激励他们改变自己的睡眠习惯。"为什么我们应该保证充足睡眠？"这一课的教学设计可以帮助学生认识到缺乏睡眠会导致体重增加、成绩下降、抑郁程度增加等各种问题，而低收入家庭的孩子还要面临生活上的压力，所以如果缺乏睡眠，这类孩子面临不良影响的风险更高。

研究发现，一些青少年很少接触早晨的阳光，这使他们早点上床睡觉变得更加困难。他们之所以会错过早晨的阳光，是因为他们一般很早就去了学校，然后一整天都会坐在室内，所以拉开教室的窗帘或遮蔽物并打开窗户可以减轻这种影响。

表1.4　概念获得

实现目标的行动计划

是	否
是否留出晚上读书的时间，并设置闹钟提醒自己不要再玩电子游戏了。	我要努力学习。
我今年不想再被老师叫到办公室了，所以每当我感觉自己情绪开始失控时，我就会请求去卫生间，这样我就能冷静下来了。	我要收敛自己的脾气。
我不想再因为自己的错误而责怪别人了，所以我每天要在自己的桌子上贴一张便利贴，上面写着："要为自己做的事负责任！"，以此来提醒自己。	我要记住并不总是别人的错。
我想在小组中表现得更好一些，所以每当有小组活动时，我要承担起确保每个人都参与进来的工作。	当有小组活动时，我要承担更多的领导职责。

课程设计

教学目标

通过本课的学习，学生们将会：

◇ 阅读一篇较难的文本，检验并锻炼他们使用阅读策略的能力。

◇ 了解到保持充足睡眠的重要性。

◇ 设定关于改变睡眠模式的目标。

◎ **时间长度**

1课时，共45分钟。

● **汉语语言艺术共同核心标准**

〖阅读〗

◇ 确定文章的中心思想或主题，并对其发展脉络进行分析，然后总结出支持论点的关键论据和细节。

◇ 独立熟练地阅读并理解复杂的文学文本和说明性文本。

〖写作〗

◇ 在分析实质性话题或文本的过程中，用来支持文章观点的论据必须要令人信服，具有相关性且证据充足。

〖听&说〗

◇ 与不同的伙伴展开一系列的谈话和合作，以他人的观点作为依托，然后再清晰而有力地表明自己的想法。

〖语言〗

◇ 在写作和对话的过程中，要能够熟练掌握标准的汉语语法规则，并能正确使用。

◇ 在写作过程中，要能够熟练掌握标准的汉字书写、标点符号以及汉语词汇等方面的规则。

✿ **教学材料**

◇ 为每位学生都准备一份"睡眠调查表"的第一部分（见表1.5）和第二部分（见表1.6）。

◇ 下载有关睡眠重要性的文章，如坡·布朗森的《适当小睡避免损失》，重新编辑和修改，发给每位学生的版本控制在两页之内，也可以从这篇文章中截取部分内容，改编成一页纸大小的"大声朗读：青少年为什么需要更多的睡眠？"。

◇ 为每位学生准备一份"大声朗读：睡得更好的方法"。

流程

◇ 老师向大家说明今天这节课将要讨论"睡眠"的问题，当然课上睡觉是不允许的。将"睡眠调查表"的第一部分发给大家，让大家填写，并暂时保存。

◇ 学生需要进行下面的任务，两者任选其一：

⊙ 分小组、结成合作伙伴，轮流阅读《适当小睡避免损失》这篇文章中的段落，阅读过程中，学生要标注出揭示主要内容的单词，每一段最多标出4个，然后用一句话进行总结，将其写在每页上面，然后邀请一些同学与大家分享他们的成果。

⊙ 老师向全班同学展示改编自这篇文章的"大声朗读"材料，即"青少年为什么需要更多的睡眠？"，并读给大家听，读完后，让学生快速写下他们从中发现的很有意思的一件事，并写出原因。之后，让学生把自己写的读给同伴听。最后，老师让几名同学把他们所写内容跟全班分享。

◇ 首先，由老师阅读"大声朗读：睡得更好的方法"，读完后给学生一分钟的时间，让他们试着提出帮助睡眠的其他方法，如睡觉之前读一会儿书等等，然后进入分享阶段，这一过程和前面的方法相同。

◇ 老师将"睡眠调查表"的第二部分发给大家，让大家填写。然后，学生要把自己写的读给同桌听，如果学生愿意，还可以把自己写的跟全班分享。

◇ 老师让学生把调查表两部分订在一起，复印之后再发给学生。如果他们之前已经完成了"学期目标"这一课，老师可以把这次的调查表和他们之前的"学期目标"表格放在一起。

评估

◇ 老师要求学生用ABC模式回答以下问题：在今天这堂课上，你学到的关于睡眠最重要的事情是什么？

◇ 作为一种选择方案，老师可以让学生制作海报，并张贴在校园里，海报的内容要强调得不到充足睡眠可能造成的负面影响，同时提供一些关于改善睡眠的建议。

⚽ 可能需要扩展或修改的方向

◇ 学生可以把他们学到的东西教给其他班的同学。

表1.5　睡眠调查（第一部分）

1. 姓名：_____

2. 第一学期，你在班里的成绩排名是_____

3. 第一学期，你的各学科平均分数是_____

4. 你每晚平均睡几个小时_____

5. 每天早上来学校的时候，你感觉自己在前一天晚上休息得很好吗？

_____

6. 你经常感到（限选一项）：

非常高兴_____　　高兴_____　　心情一般_____

有一些沮丧_____　　非常沮丧_____

表1.6　睡眠调查（第二部分）

1. 姓名：_____

2. 通过这篇文章，你学到了什么？

3. 你想增加每天晚上的睡眠时间吗？

4. 如果想，每天晚上你想再多睡多长时间呢？

5. 你有什么办法去实现这一增加睡眠的目标呢？

大声朗读：青少年为什么需要更多的睡眠？

研究表明，在当前社会，21岁以下的年轻人每晚都要比30年前同年龄段的年轻人少睡1个小时，科学家已经发现少睡1个小时会对这些年轻人造成伤害，因为我们的大脑在21岁以前一直都在不断地发育和成长，而大脑的这种发育和成长很多时候都是在我们睡着的时候进行的。

⊙每一项研究都证明了睡眠和学习成绩之间存在着密切的关系。

⊙考试成绩为A的学生要比得B的学生平均每晚多睡15分钟。

⊙成绩为B的学生要比成绩为C的学生平均每晚多睡11分钟。

⊙成绩为C的同学要比得D的同学平均每晚多睡10分钟。

⊙睡眠少会对大脑记忆新信息的能力造成伤害，尤其会破坏大脑学习第二语言的能力。

⊙睡眠不足会让你感到更加沮丧。

⊙睡眠不足会促使你的身体制造更多的脂肪，每晚睡眠不足8小时的孩子发胖的可能性是睡眠充足者的3倍。

大声朗读：睡得更好的方法

⊙如果房间的温度比较凉爽的话，你将会睡得更好。

⊙如果上床睡觉前的半小时，你还在看电视或者上网的话，电脑或电视屏幕的亮度会使你更难入睡。

⊙上床睡觉的时间要保持一致，哪怕只是偶尔熬夜到很晚，当你想早点睡觉的时候，你也会发现难以入眠。

教学技术：创建在线书籍

学生们可以利用他们所学到的知识（或者ABC答题模式）与网络共享平台创建在线图书，供大家阅读，帮助其他学生了解睡眠的重要性。

策略四：让学生认识到所学之物很有用

我们要让学生认识到他们正在学习的东西对于其短期或长期目标很有帮助，这一点非常重要，其重要性已经在上文"和学生建立关系"一节中讨论过了。通过了解学生以及他们的希望和梦想，老师能够更加明确地把教授的课程和学生的生活联系起来。帮助人们认识到他们正在做的事情的重要性和意义能够提升他们的内在动力。除此之外，这样的联系也可以帮助学生确认他们所学的东西是如何对他们的生活产生意义的。

"现在的学习是为了使未来受益"的教学设计则有助于实现这一目的。利用另一个归纳学习的案例，学生可以确认他们现在所学的东西是如何使他们的将来受益的。"数据集"是这一课的主要材料，而使用数据集的分类方法已经被定期地用于培养和加强学生的高阶思维能力了。就像"概念获得"一样，"数据集"同样可以被跨学科应用到不同类型的课程当中。

课程设计

教学目标

通过本课的学习，学生将会：

◇ 运用"分类"的高阶思维能力明确学生目前在学校所学东西将如何使他们在未来受益。

时间长度

第一天：20分钟；第二天：1课时，共45分钟；第三天：20分钟。

汉语语言艺术共同核心标准

阅读

◇ 确定文章的中心思想或主题，并对其发展脉络进行分析，然后总结出支持论点的关键论据和细节。

◇ 独立熟练地阅读并理解复杂的文学文本和说明性文本。

写作

◇ 在分析实质性话题或文本的过程中，用来支持文章观点的论据必须要令人信服，具有相关性且证据充足。

听&说

◇ 与不同的伙伴展开一系列的谈话和合作，以他人的观点作为依托，然后再清晰而有力地表明自己的想法。

语言

◇ 在写作和对话的过程中，要能够熟练掌握标准的汉语语法规则，并能正确使用。

◇ 在写作过程中，要能够熟练掌握标准的汉字书写、标点符号以及汉语词汇等方面的规则。

教学材料

◇ 以下内容需要写在黑板上或通过投影仪展示出来：

在你看来，在学校努力学习、尽可能多学一些知识对于你的现在和你的未来有怎样的帮助呢？请将你所能想到的好处列出来，越多越好。如果你认为现在的学习对你没有好处，也请你解释一下原因。

◇ 老师要整合学生对以上问题的回答，进而创建一个数据集，其形式可以参考表1.7，在第二天，为每位学生提供这份数据集。

◇ 分别为每一位学生提供一份海报纸。

流程

第一天

◇ 老师向学生展示上面提到的问题，然后给学生几分钟的时间写出他们的答案。

◇ 老师让每位学生和同桌彼此分享自己的答案，然后让一些学生与全班同学分享他们的看法。

◇ 把学生的答案收上来，并向学生说明第二天将会利用他们对以上问题的答案开始这次课程的第二部分。

第二天

◇ 老师通过投影仪向学生展示已整理好的数据集，请学生对这些内容进行归类，需要把每一条内容放在合适的类别之下，并标注出一个能够解释其归类原因的线索词。之后，学生要和同桌搭档合作，在海报纸上将每一个类别纵向分布，然后再将所写的每一条内容剪下来粘贴到其对应的类别下面。学生们在将每一条内容剪下来时，要保留内容前边的序号，老师应该以前3条内容为例给学生们做示范。

◇ 当学生进行归类的时候，老师要在学生之间来回走动，并定期地选择一名学生，让这名学生报告他都将哪些内容放在了同一个类别下面，只需要说出每条内容的序号即可，且不要说出这一类的类别名称；接下来，请这名学生把自己归为同一类的内容序号写到黑板上，然后给其他学生一分钟时间思考，让他们判断这些序号应该归为什么类别；一分钟后，请另一名学生说出他的选择，然后再问第一位学生这名同学的回答是否正确。

◇ 完成这项任务之后，老师提问哪一条内容分别归为哪一个类别，通过这种方式带领大家进行复习。需注意的是，每一条内容并不一定只对应一个类别，只要能给出合理的解释，可以有不同的选择。

◇ 学生们要和自己的同桌合作，共同思考如何将自己所学的东西应用在每种分类当中，至少列出两种方法。然后，让一些学生跟全班同学分享他们的答案。

◇ 老师让学生从每一个类别中选出他们各自最喜欢的一项，然后让他们制作成海报，海报要以类别命名，列出自己最喜欢的内容，并附加一些说明。老师要向大家展示一张海报模型作为示范，同时提醒大家在下次课上可用几分钟的时间继续完成海报，但当天晚上就要开始着手这项任务。

第三天

◇ 首先，学生们利用几分钟去完成海报，然后彼此分享自己的成果。分享环节可以采用"快速约会"的形式，即全班学生平均分为两组，每一组排成一列，然后两组学生面对面向彼此展示自己的海报，就这样依次更换各自的分享伙伴。

◇ 学生们制作的海报要贴在教室的墙壁上，作为一种成果以供提醒和回顾。

评估

◇ 将学生回答的内容整合归类和制作成海报的过程都伴有简单的指示说明，很容易进行评估。

可能需要扩展或修改的方向

◇ 如果可以的话，本次课程的老师可以与高年级举行"联谊活动"，请师兄师姐分享一下他们在低年级时学习的东西对他们自己产生了怎样的帮助，学生可以将师兄师姐的回答与自己所列出的答案做一下比较。

◇ 老师可以让学生用"主题句"把这些分类的内容转化成段落，然后再串联成一篇短文。

◇ 我们也可以把这次课程压缩成一个课时：当学生写出他们对第一天所提问题的答案之后，老师就给他们提供一份数据集（这份数据集可能来自于另一个班级的回答，老师要把这一情况告诉大家）。接下来，在他们对这份数据集归类之后，要求他们把每一条内容放到每一个合适的类别下面，然后再制作成海报。

教学技术：在线视频

学生们可以通过制作一部短剧来展示他们正在学习的东西是如何使他们的未来受益的。如果条件允许，他们可以用一个翻转视频录像机来录像，然后将录像上传到班级或学校的博客上。

表1.7 "现在的学习是为了使未来受益"数据集

请将以下各条内容归到对应的类别之中：高中、大学、职场以及一般生活技能，并用线划出一个能够解释其归类原因的线索词。

1. 能够帮助我提升学习技能，为将来更高年级的学习打好基础。

2. 帮助我成为一名优秀的读者。

3. 帮助我提高阅读水平。

4. 帮助我提高写作水平。

5. 我们学得越多、越努力，老师布置的作业就会越容易完成，其中的难题也会越容易解决。

6. 使我们的大脑更加充实，更加灵敏。

7. 帮助我们以优异的成绩顺利进入高年级。

8. 提高我的技能。

9. 帮助我找到一份更好的工作。

10. 帮助我养成良好的行为举止，学会约束自己。

11. 有助于对自己提出更高的目标和追求。

12. 帮助我在众人面前发言时表现得更好。

13. 我会变得更加自立、自主。

14. 帮助我更好地理解别人写的和说的内容。

15. 在我读书时，帮助我更好地理解书中的内容。

16. 帮助我找到一份更好的工作。

17. 我在这门课中学到的东西对于我的许多其他课程也有很大帮助。

18. 会帮助我提高各科成绩。

19. 帮助我找到一份工资更高的工作。

20. 努力学习各门课程可以帮助我习惯于这种奋斗的节奏，因为我可能会找一份要求我不停努力拼搏的工作。

21. 有助于让我知道如何帮助那些并不精通汉语的外国友人。

22. 帮助我顺利考上大学。

23. 它教会我如何成为一名努力奋斗的人。

24. 有助于我去帮助我的家人。

25. 我现在所学习的策略会使我未来的学校作业更加简单易懂。

26. 如果我将来的工作需要我去阅读、写作或打字，那么现在的学习会使我更加轻松地应对将来的工作。

问题2

如何帮助学生明白
承担个人责任的重要性 ？

> 我总会时不时地听到学生们说这样的话：这是他的错，
> 是他先跟我说话的；我之所以没完成这项任务，是因为你解
> 释得不清楚；是她让我把课本扔过去的。像这样因为自己的
> 错误而去责备他人的行为在青少年中间似乎很是常见，我不
> 知道该怎么做。

　　类似这样的抱怨是我们在课堂中常常听到的，对于这种问题，我们
似乎不太可能采取什么有效的立即干预措施，但理所当然，作为老师，
我们有必要对这种行为采取对策，这点非常重要。研究表明，将自己的
错误和问题归咎于他人的这类人不会从错误中吸取教训，他们的情绪出
现抑郁和沮丧的风险更大，而他们所能获得的成就一般不会特别大，同时，
也正因为这种行为，他们很可能会受到其他人的否定和质疑。然而，更
关键的一点是，经研究验证，将责任归咎于他人的这种行为具有"接触
传染性"，即：如果一个群体中的某个人具有这种行为习惯，那么他周围

的其他人也会形成这种倾向，从这种行为的数量上来看，前后两者是呈正比的。本章节提供了一些潜在的即时对策和准备策略，同时，还附带有辅助性的教学设计样本。

即时对策

帮助学生们建立一种积极的自我形象

勇于为自身行为承担责任的人所具有的一项重要特征就是他们拥有一个积极的自我形象。在第一章中涉及到的任何一种举措都能有效地帮助学生形成一种自尊感。

老师要担负起"提醒者"的角色

在学完"将责任归咎于他人"这堂课之后，老师要时不时地对学生加以提醒。当发现学生再次出现类似行为的时候，老师可以说："要记住我们学过的'将责任归咎于他人'的相关知识"，或者"要记住我们学过的——只有勇于承担自己的责任，才能获得更高的成就"，或者"要记住从我们所犯的错误中吸取经验教训要好过一味责怪他人"。

假设你已经完成了这一课的教学设计，你可以将本课和一个具有反思性的问题章节联系起来，如下文问题9。你可以向学生提问："关于我们之前学过的'将责任归咎于他人'这一课，你还记得什么？"通过这种方式对学生进行提醒，或者可以要求学生"把你最后一次勇于承担自身责任的事情写下来，并把我们从'将责任归咎于他人'这一课中学过的东西付诸实践。"

教学设计

　　本课的教学设计包括一系列的问题，而这些问题围绕美国现任总统奥巴马讲话中的一句引文展开。此外，本课还包括一项帮助学生对自身责任感提高重视的调查。本课所涉及的问题和调查可以作为一种工具，来帮助学生思考并了解个人责任在他们的生活中承担着什么样的角色、发挥着怎样的重要作用。

　　纳撒尼尔·法斯特是南加州大学的一名教授，他发现如果人们从书上阅读到一些勇于承担个人责任者的事迹，那么他们很可能会受到激励和积极的影响，进而也倾向于承担更多的个人责任。此外，他还发现一项简单的写作活动可以加强一个人的自我形象，而这反过来则会降低一个人将自己的责任归咎于他人的可能性。以上这些发现以及本章节前面引用的关于将责任归咎于他人所产生影响的研究结果构成了这一教学设计的一部分。

课程设计一：承担个人责任

🏮 教学目标

　　通过本课的学习，学生将会：

　　◇ 了解到将自己的责任归咎于他人所造成的负面影响，以及承担个人责任会带来的积极影响。

　　◇ 能够通过书面或者口头方式明确地表达出这些消极和积极影响，并将其与他们的个人经历和目标联系起来。

🕐 时间长度

　　1课时，共45分钟。

汉语语言艺术共同核心标准

阅读

◇ 确定文章的中心思想或主题，并对其发展脉络进行分析，然后总结出支持论点的关键论据和细节。

◇ 独立熟练地阅读并理解复杂的文学文本和说明性文本。

写作

◇ 在分析实质性话题或文本的过程中，用来支持文章观点的论据必须要令人信服，具有相关性且证据充足。

听&说

◇ 与不同的伙伴展开一系列的谈话和合作，以他人的观点作为依托，然后再清晰而有力地表明自己的想法。

语言

◇ 在写作和对话的过程中，要能够熟练掌握标准的汉语语法规则，并能正确使用。

◇ 在写作过程中，要能够熟练掌握标准的汉字书写、标点符号以及汉语词汇等方面的规则。

教学材料

◇ 为每名学生准备一份"个人责任的引述"（见表2.1）、《将责任归咎于他人的影响》的"大声朗读"文稿、"承担个人责任问卷"（见表2.2）以及"承担个人责任调查表"（见表2.3）。

◇ 如果老师想要采用帮助学生建立自尊感的写作活动，则需要为每名学生准备一份相关文稿。

◇ 文本摄像机或者投影仪。

◇ 利用电脑放映设备和互联网使用权限来播放一段简短的视频（选择性的、非强制性的）。

流程

◇ 老师说明要给大家每人发一份材料，一起来看几段引述（见表2.1），然后让大家与同桌或邻座组成搭档，两人一组，轮流阅读其中的每一个部分，读完之后，学生要用一句话写出所读部分的总结和概要，并用一句话来解释他们是否从中发现了共同点。

◇ 如果需要的话，老师可以播放一段奥巴马总统引用材料中引文时的视频，时长共为一分钟。

◇ 5分钟之后，老师可以让学生分享他们对一段或两段引文的概要，并提问他们是否从中发现了共同点。老师要把学生说的写在黑板上，其中可能就会包括一些关于为自己的错误承担责任的信息。

◇ 老师说明那些就是人们为自己错误承担责任的例子，然而，当事情进展不顺利的时候，我们很容易就会责怪他人。老师可以以自己的经历为例，然后给大家几分钟时间，让他们想一想自己生活中发生过的相似经历，并跟大家分享。然后，老师要跟大家说明这种行为可能会引起更大更严重的问题，比如，尼克松总统的前任助手就曾为自己将责任归咎于他人的倾向深感耻辱，而研究者认为，推卸责任、拒不承担个人责任是各国宇航局重大空间事故背后的主要原因之一。

◇ 老师要向学生解释说明众多研究者一直致力于研究推卸责任、拒绝承担个人责任的问题，然后，把《将责任归咎于他人的影响》这段"大声朗读"文稿通过投影仪放映出来，并朗读其内容。如果需要的话，老师可以把文稿发给每位同学。

◇ 接下来，老师可以利用"承担个人责任问卷"对学生进行一个小测试（见表2.2），用以检验每个人的责任感如何。测试的每一个问题只能选一个答案。作为自我评估的一种工具，请学生务必诚实回答。等学生完成测试之后，请他们按照以下方式计算自己的得分：选项A为1分，选项B为2分，选项C为3分。

◇ 解释完测试的注意事项之后，将问卷分发给学生。

◇ 学生利用几分钟进行测试，计算自己所得分数，老师公布各分数的分析结果，可以通过投影仪展示，同时提问学生是否赞同这项测试结果所反映的他们个人责任感的水平。接下来，学生可以将各自的结果与搭档或者全班同学分享，建议学生当他们设定个人目标时，要牢记这次检测结果。

◇ 接下来，向学生说明美国总统奥巴马于2010年在一所高中毕业典礼演说中谈到过这一话题，将"承担个人责任调查表"（见表2.3）通过投影仪展示出来，并朗读奥巴马演讲的相关段落，也可以从互联网上下载相关视频，播放给学生们观看。

◇ 老师可以逐一浏览一下调查中的各个问题，并做简单回答，借此为大家做一下示范。示范完成之后，将调查表发给学生，请他们独立完成。

◇ 安排10分钟让学生答题，之后，让大家和搭档分享彼此的答案。在这一过程中，老师要通过学生的回答确认出那些很有想法的同学，请他们跟全班同学分享自己的成果。

评估

◇ 老师可以要求学生们用在前一章中讨论过的ABC模式回答一下他们认为最有意思的一条信息，在他们的回答中，学生是否严格遵循了格式将会一目了然。

可能需要扩展或修改的方向

◇ 如果愿意的话，老师可以立即开始利用写作活动"帮助学生建立自尊"的教学计划，以此作为对本课程的后续追踪。

◇ 学生们可以制作一份海报，将他们在这次课程中学到的东西展现出来。

◇ 老师可以让学生们根据下面的写作提示回答相关问题，并写成文章：

根据奥巴马的演讲，当人们犯了错误，应该如何反应呢？你同意他的看法吗？在写文章的过程中，你可以结合自己的亲身经历、你对他人的观察以及你曾经读过的任何文章（当然也可以包括奥巴马总统的这篇演讲）来举例说明、支持你的观点。

这段提示内容可以归纳为一个简单的图像组织，共包括三栏内容，第一栏说的是"他们认为……"，第二栏说的是"我认为……"，第三栏则说的是"我之所以这样认为，是因为……"。这种图像组织源自于杰拉尔德・格拉夫和凯茜・比肯施泰因的作品《学术写作要领》。

教学技术：视频上传

学生可以搜集相关的视频上传至网上，与大家分享将责任归咎于他人和勇于承担责任之间的区别。如果条件允许，也可以自己制作短片或创建在线动漫。

表2.1　关于个人责任的引文案例

里皮承担输球责任

在2010年的南非世界杯中，卫冕冠军意大利队以2∶3败给了新军斯洛伐克队，被淘汰出局，赛后，意大利主帅马尔切洛・里皮表态承担全部责任。

里皮说："我承担全部责任。没有任何理由，因为如果球队带着伤病和心理上的恐惧去参加像今晚这么重要的比赛，而且他们没有尽力表现自己的话，这就意味着教练无论是在战术上、心理上还是身体上都没有帮助他们做好准备。"

"我承担主要责任。对于意大利的每一个人我都感到很抱歉，很明显，我的准备工作做得还不够！"

施瓦辛格为提案失败承担责任
2005年11月11日周五美联社

萨克拉门托（美国加州首府）在经历了特别选举的失败之后，阿诺德・施瓦辛格经过了两天的调整，对提案的失败承担起了责任，并坦承自己认识到了在探求政府改革方面需要更多的耐心。

在周四的新闻发布会上，针对自己的提案在特别选举中被选民全部否决这一事实，施瓦辛格告诉记者："一切责任都应该由我承担！我要为这次选举负全责，更要为选举失败负全责！"

大声朗读：将责任归咎于他人的影响

研究者发现，倾向于将自己的错误归咎于他人的这类人：

⊙不会从错误中吸取教训；

⊙出现抑郁和沮丧情绪的风险更大；

⊙所能获得的成就一般不会特别大；

⊙不太可能受到同伴的喜欢和欢迎。

换言之，如果能够勇于承担个人责任，你将会：

⊙从错误中吸取经验教训；

⊙出现抑郁和沮丧情绪的可能性很小；

⊙能获得更大的成就；

⊙更受同伴的喜欢和欢迎。

表2.2　承担个人责任问卷

1. 你的朋友要与你断交，你会：

　　A. 向你其他所有朋友说他/她的坏话。

　　B. 认为他/她很失败，但是不会四处传扬。

　　C. 借此来思考一下自己什么地方做得不够好。

2. 在一次班级测试中，你的成绩不是很理想，你会：

　　A. 认为测试很不公平，老师想让学生不及格。

　　B. 毫不介意，因为无论如何你都会通过这门课的。

　　C. 进行反思，觉得自己应该更加努力。

3. 当一个人打了你，你也回击了对方，然后你们被叫到了老师的办公室，你会说：

　　A. 是对方先动手的，不是你的错。

　　B. 你不记得是怎么回事了。

　　C. 是对方先动手的，但你意识到了自己不应该还手，没有考虑到后果。

4. 假设下面的3句话分别是3个人说出来的，你更希望谁成为你的朋友？

A. 我之所以得了F，全是老师的错，他总是挑我的错，真讨厌！

B. 我才不在乎学习呢，老师教的大部分东西我根本就不想知道。

C. 我真的搞砸了这门课。我需要更加努力。

5. 当某人想抚摸你的小狗时，你的狗咬了他/她，你会：

A. 责打小狗，以示惩罚，然后就丢弃它。

B. 认为他/她在抚摸你的小狗之前应该首先征得你的同意。

C. 意识到你之前没有把自己的小狗训练好，决定立即开始训练它。

6. 当妈妈不在家时，你在厨房里打破了一个碗，你会：

A. 如果家里有弟弟或妹妹，责怪他们。

B. 希望妈妈不要发现少了一个碗。

C. 在妈妈发现之前就告诉她你打破了碗，向妈妈道歉，并表示以后会更加小心。

7. 在测试的时候，有人跟你说话，你也回应了对方，可是被老师看到了，并扣了你的分数，你会：

A. 说是对方先跟你说话的，并认为这位老师很讨厌，因为觉得他总是挑你的错。

B. 瞪着老师不说话。

C. 向老师道歉，继续进行测试。

8. 因为你熬夜看电视、打游戏，没有写作业，所以作业不能按时完成了，你会：

A. 认为老师留的作业太多了，并不准备补交作业，任由老师给自己打零分。

B. 什么都不说，第二天再交作业。

C. 告诉老师你没有完成，并希望老师给你一次补交作业的机会，如果老师不允许补交，你也会理解。

9. 你因为闯红灯被警察拦了下来，你会：

A. 反问警察别人和你一样闯红灯，为什么他只拦你。

B. 告诉警察你刚刚没有注意，恳求他这一次放过你。

C. 告诉警察你很抱歉，并意识到你确实闯红灯了。

10. 你和朋友在你家附近踢足球，你踢出球之后，球意外地打碎了邻居家的汽车车窗，你会：

    A. 立刻跑掉，认为他们不应该把汽车停在那里。

    B. 回家告诉你的父母，问他们应该怎么做。

    C. 在汽车车窗上留一张便条，告诉车主你会赔偿的，并留下你的姓名和电话。

按照以下计分方法计算得分：每一道题，选择A项得1分，选择B项得2分，选择C项得3分。

结果反馈：如果你的得分在24—30分之间，就意味着你会为自己的行为负责任，而且还会从错误中吸取经验教训。如果你的得分在17—23分之间，则意味着你还需要努力，但是你基本知道什么是个人责任。如果你的得分在10—16分之间，你就应该花更多的时间和精力来反思一下个人责任的重要性，并需要重新回顾相关内容，反思将自己的错误归咎于他人的这种行为将会造成怎样的不良后果。

表2.3　承担个人责任调查表

不要找任何借口！你不仅需要为你的成功负责任，还要为你的失败负责任！

事实上，无论你多用功，也不可能每门功课都获得满分，不可能首次尝试就会成功。你会有乱作一团的时候，会有伤害你所爱之人的时候，还会有偏离你在最深处持守的价值观的时候。

当这些情况发生时，去怪罪周围的一个人是这世界上最容易的一件事。你会抱怨你的教授太苛刻，你的老板是个蠢猪，你的教练是个偏心眼，你的朋友不理解你……

（奥巴马总统在密西根州卡拉马祖高中的毕业典礼演说，2010年6月7日）

接下来，请思考一下你有没有经历过以下几种情况，然后至少写出一次相关经历：

1. 明明是别人的错，他们却把责任归咎于你。

2. 明明是你自己的错，你却把责任归咎于别人。

3. 你犯了错，而且勇敢地承担起了自己该负的责任。

4. 当下一次你再想要将责任归咎于他人的时候，你要如何避免呢？你又如何提醒自己呢？

5. 如果你为自己的行为负起更多的责任，不再一味地将责任推卸给他人，这会使你感觉如何？

课程设计二：培养自尊感

教学目标

通过本课的学习，学生将会：

◇ 锻炼自己的写作能力，通过写出他们认为很重要的价值观，可以培养他们的自尊感。

时间长度

每次活动15分钟，每学年开展5次。

汉语语言艺术共同核心标准

写作

◇ 在较长的一段时间中，按照惯例进行写作、研究、反思和修改，而在较短的时间内，如一两天，集中于任务、目的和读者。

听&说

◇ 与不同的伙伴展开一系列的谈话和合作，以他人的观点作为依托，然后再清晰而有力地表明自己的想法。

语言

◇ 在写作和对话的过程中，要能够熟练掌握标准的汉语语法规则，并能正确使用。

◇ 在写作过程中，要能够熟练掌握标准的汉字书写、标点符号以及汉语词汇等方面的规则。

教学材料

◇ 给每位学生准备一份讲义资料，见表2.4。

◇ 需要文本摄像机或投影仪用来展示所有的数据表。

流程

◇ 老师给学生一分钟的时间，让他们思考什么是"价值"，然后写下来（老师要解释清楚这里所说的不是数学术语中的"价值"）。

◇ 让学生们把自己写的内容快速地与同桌或邻座分享。

◇ 要求学生给出"价值观"的定义，并阐明价值观是十分重要的，具有意义且富有魅力。一般来说，它是我们所信仰的一种观念。老师说明在日常生活中我们很容易就偏离自己的价值观，忘记什么才是对我们而言最重要的东西，因此，在这一年中，学生们应有几次机会对自己的价值观进行思考，并写下一些感想。

◇ 老师向学生展示表2.4的第一页内容，上面列着各种价值观，把上面的内容给大家朗读出来，然后将材料发给大家，要他们在上面圈出自己认为最重要的一项。

◇ 接下来，将"思考相关经历"的那部分内容放在投影仪上展示给大家看，并让学生思考一下他们在生活中有没有过感觉自己所圈出来的价值观显得特别重要的时候，用几句话叙述一下当时的情况，并解释一下为什么这个价值观在当时对他们很重要，如果此时学生想要更改他们圈出来的价值观，也是可以的。然后，将这部分材料分发给大家。

◇ 几分钟后，老师把表2.4中"赞同还是反对"的部分通过投影仪展示给大家，之后将这份材料分发给大家，请他们在每一条陈述后面注明自己的态度：赞同还是反对。

◇ 首先让学生们和各自的搭档互相分享自己的观点，然后邀请几名学生和全班同学分享自己的观点。

◇ 学生们按照顺序把这几份材料订在一起，交给老师。

评估

◇ 因为这项活动的重点是要帮助学生建立自尊感，每次活动只需要几分钟的时间，所以我们要评估的关键内容在于学生们是否严肃认真地完成了这几份材料中的问题，不需要其他的评估工具。

⚽ 可能需要扩展或修改的方向

◇ 研究人员建议我们每年开展5次类似的课程，有些先驱研究者也对这项活动提出了一些修改和完善的建议：让学生自己写出两三项重要的价值观，列出价值观表，或者让学生们写出在某一个特定的阶段最重要的价值观可能都包括哪些。

◇ 学生们可以将他们认为的最重要的价值或价值观制作成海报。

教学技术：卡通漫画

学生们可以创建一个在线卡通漫画，展示出他们的核心价值观，并针对这一价值观在他们最为重要的时刻发挥的作用设定一个情景和场合。

表2.4　个人责任引文案例

价值或价值观

姓名：＿＿＿＿＿＿＿＿＿＿＿＿＿＿＿＿＿＿＿＿＿＿＿＿＿＿＿＿＿

日期：＿＿＿＿＿＿＿＿＿＿＿＿＿＿＿＿＿＿＿＿＿＿＿＿＿＿＿＿＿

请用笔圈出你认为最重要的一项价值观：

①运动能力	②在一个社会团体中与成员的关系（比如，在你所处社区、种族团体或者学校社团）
③擅长艺术创作	
④聪明或者学习成绩好	⑤政治
⑥创新性	⑦和家人或朋友的关系
⑧独立	⑨宗教价值观
⑩活在当下	⑪幽默感

思考相关经历

请思考一下在你的生活中，有没有什么时候让你觉得你所圈出来的价值或价值观对自己显得特别重要，用几句话叙述一下当时的具体情况，并解释一下为什么它在当时对你那么重要。

赞同还是反对

对于本页最下面的3条陈述，你持什么态度？我们将赞同和反对的程度划分为以下5个级别，请在每一条后面写出你对该条陈述的态度（针对每一条陈述只能选择一种态度）。

A. 非常强烈地赞同

B. 强烈赞同

C. 赞同

D. 强烈反对

E. 非常强烈地反对

◆ 这一价值观对我的生活产生了很深的影响。

◆ 一般来说，我会尽量遵循这一价值观。

◆ 这一价值观是我之所以为我的一个重要原因。

问题3

如何应对学生
在课堂上的捣乱 ？

约翰今天的表现很不好，他根本就不注意听讲，还总是制造各种噪音，当他觉得你没有看着他的时候，他就会向四处扔纸屑，试图扰乱其他学生的注意力。当然，他也不能集中精力好好做功课，当你把班里的每两位同学分成一组时，他不仅不会和自己的搭档讨论任务，还和周围的同学闲聊其他的话题。而且，他还总是讲各种笑话，故意逗其他同学发笑，让他们也不能专心于课堂活动。你已经多次提醒他集中注意力了，但是毫无作用。

面对这种情况，老师们可能会采取各种各样的对策。其中，一个典型且易操作的方法就是通过采取惩罚措施如留校察看、被叫到办公室、给他家里打电话来威吓学生，并视情况而付诸实践。有很多明显而严重的学生违规行为确实需要这类惩罚措施（如果学生完全不受老师的管束，就很可能会发生肢体冲突、性骚扰以及身体暴力的威胁）。然而，惩罚所起到的作用只是暂时的，或者根本就不起任何作用，而很可能只会加剧问题的严重性，无法从根本上解决问题。很多时候，惩罚可能只会让那些捣乱的学生认为下次一定不要被老师抓住，从而导致学生更加分心、更不愿意完成作业，拒绝承担自身责任的倾向也会越来越严重。《纪律不需要压力、惩罚或奖励》一书的作者马文·马歇尔提出的一个问题为老师们提供了相关指导，他说："我即将要说的或要做的会拉近我和谈话对象之间的距离呢，还是会把我们之间的距离拉得更远呢？"请记住这一条！面对捣乱的学生，我们到底应该采取什么方法呢？大家要记住，一种方法可能会对约翰起作用，但对塞莉却一点用都没有，或者这种方法今天对学生有作用，明天就不再有效了。本章都是对老师有用的建议，老师们可以将它们收进自己的"工具箱"里——里面积累的工具越多越好。正如俗语所说的那样："如果我们所拥有的唯一工具是一把锤子，那么就要把我们面临的所有问题都看成钉子。"从某些方面来看，一位有效的老师需要分别为每一位学生制定一个策略性计划。

针对这一问题的建议可以分为3部分，第一部分包括一些面对紧急情况时的应对方法，可以帮助学生迅速重新投入到学习过程中去。找学生谈话、指导学生思考解决办法，让他能够很好地应对、处理具有挑战性的情况（很多时候，学生都是和老师一起来解决问题的），这一点非常重要。不过，老师最好在事后再找该名学生谈话，或者在当天之后的某个时间，或者在所有人的情绪都平静下来后的第二天。

第二部分提供了一些方法，可以帮助我们提前做好准备，在混乱和干扰发生之前就将其控制住。假如前两个部分中提到的方法都不起作用的话，第三部分对此进行了讨论。

除此之外，本课还包括一个教学设计样本再现。

即时对策

使用反思卡

　　一些老师可能会给做错事的学生发一张纸，让他在上面写出发生了什么事情、为什么会这样以及他应该怎么做来避免这样的事情再次发生。这种方法可能对一些学生有作用，但许多同学在那一时刻的头脑并不是很清楚，甚至大多数的时候，他们并不是很清楚自己为什么会这么做。这样说并不是指这种写作方式没有帮助，但是，换一种关注点可能效果会更好。

　　大量的研究已经发现自我控制导致的精力消耗要比大脑对它的供给快得多。研究人员发现，假如在某种情况下，一个人不得不对自己进行较长时间的自我控制之后，被要求去完成一项很复杂的任务，就可能会比平时更加轻易地就放弃了。根据这一现象，研究人员得出了相关结论：自我控制力是一种可以被耗尽的"有限的能量资源"，同时，这些研究还发现了一些可以提供这种补给的方法。

　　一项研究发现，方法很简单，如果你感到开心，那么你就要想一想让这种好情绪持续的原因；如果你感到不开心，那么就想一想这种坏情绪将会被遗忘的原因。另一项研究则发现了自我肯定会为学习者的自我控制力重新补充能量，研究中，这些参与者写下了对自己而言最为重要的核心价值观（家人、朋友等等）。

　　将这些研究结果运用到课堂中的一种方式就是使用反思卡（见表3.1）。

表3.1　反思卡

反思卡

姓名：_____　　　日期：_____

　　1. 请回忆一下令你感到成功和高兴的时刻，至少用3句话对其进行描述。

　　2. 请至少用3句话写出对你来说很重要的人或事（家人，朋友，运动，等等），并解释一下为什么。

　　将上述内容印在卡片上，当学生在捣乱的时候，老师可以让学生拿着反思卡去教室外面，让他们在上面写出曾经让他们感到成功和高兴的时刻，以及他们所认为的很重要的价值观。通过这种方式，学生会离开所处紧急境况，而他们的注意力也会被引向积极的方面。当回答完问题之后，他们可以回到教室，把卡交给老师，如果幸运的话，他们的自我控制能力就会再度恢复了。

　　等到和学生谈话时，老师可以鼓励他们在自我控制能力开始降低时试着学会自己意识到这一问题，并要自己想出应对办法，而不需要老师出面干预。通过这一策略以及本章节中的其他方法，我们可以看出和学生分享某些观点背后的原因及相关研究是很重要的，当然，这种谈话和分享应该要在每个人的情绪都平静之后的某个时间进行。

强调正面框架信息

　　根据近期的一项研究显示，负面框架信息（即如果你这么做，一些不好的情况就会发生）并不像我们所认为的那样具有说服力的优势，相比之下，正面框架信息（即如果你这么做，事情就会朝着很好的方向发展）则更加有效，研究人员认为原因在于人们"不喜欢被迫去改变自己的行为"，这与我们在上文中提到过激励机制并不能刺激人们做出具有高阶思维能力的行为是因为人们不希望自己像一只身处迷宫的老鼠一样，两者之间具有相似性。

当然，以上的道理在我的课堂管理经历中也有所体现。尽管在一些情况下，威吓性的负面框架信息可能也会起到一定的作用，这毋庸置疑，而且我也采用过这种方式，但是根据我的经验来看，通过和学生交谈告诉他们改变自己的行为方式会有助于他们达成自己的目标，比如通过升班考试、顺利毕业、进入大学等等，要比前一种方式更加成功、更加有效。如果你已经完成了关于"自我控制"的"棉花糖"这一课，你会发现其中有一种稍微温和一些的负面框架信息，比如，老师可能会对学生说："康妮，你还记得那些没有急着把棉花糖吃掉的人是多么成功吗？"我们在问题1中列出的常规性的目标设定策略是一个很好的工具，可以用来设计这种正面框架信息。假设你已经教授了第一章节中的"目标设定"这一课，你就可以用一种平静温和的语气来提醒学生他们自己曾经设定的目标，并问他们自己此时此刻的行为是否有助于实现自己的目标呢？这种方式所聚焦的是学生自己认定的自我利益，而非他人为之设定的一个目标。老师还可以考虑制作一张海报贴在墙上，写上"我现在的行为，或者我想要去做的行为，会帮助我达成目标吗？"，让学生时不时地阅览一下也是一种适当的干预。研究表明，思考未来可能发生的事情也会强化一个人的自我控制能力。有趣的是，关注目标本身要比聚焦于如何去实现目标更能强化我们的自我控制能力。

向学生强调其被允许做的事情，而非其被禁止的行为

当我们向学生们强调其被禁止做的事情时，比如"不要在草地上行

走！"、"不要嚼口香糖！"，这种行为常常用"回避型教学"这一术语来形容。一些研究者建议，对学生强调你希望他们去做的事情要比强调你不希望他们去做的事情更加有效。

例如，如果一名学生想要去洗手间，课程进展可能因此会被打乱，那么老师应该说："好的，你可以去，不过我需要你再稍等几分钟。"相反，老师不能直接拒绝学生："不可以！"或者，如果一名学生在一个不恰当的时间随便说话，老师可以走过去平静地说："你今天这么有精力，老师很高兴。几分钟之后我们会分成小组组织活动，到时候你就可以发挥你的精力，尽情地和同学们讨论了。可是现在，我希望你能先认真听讲。"相比于直接告诫学生"安静！"或者"不要再说话了！"，前者的效果会更好一些，因为这种应对方式更加积极，具有更小的对抗性，同时还会降低捣乱学生激化问题的可能性。

告诉学生你不会随意给他们父母打电话

当学生表现不好的时候，老师最好不要立即给他们的父母打电话"告状"，可以私下里告诉他们你不会当天给他们家里打电话，但会在一个星期后给他们家里打电话，因为你要把他们的良好表现告诉其父母，所以他们有一个星期的时间向老师证明他们可以成为他们原本能够成为的那类学生，而在给学生的家里打电话之前，你应把具体要沟通的内容告诉学生（参见问题5）。

肢体靠近、对学生说"请"、对学生的顺从给予认可

关于课堂管理的大量研究表明，在试图让学生停止捣乱时，老师要从3个常见要素的角度出发：第一，老师的肢体要靠近学生；第二，老师跟学生交谈时要说"请"；第三，当学生顺从了的时候，老师要及时给予正面的肯定和评价。同样，我们也有很多积极行为的模型可以展示给所有的

学生。

对学生说"谢谢"时明确你表达感谢的原因（可参见问题5）可以立即起到积极的强化作用，而那些被权威人士感谢的人感觉自己受到重视，更有可能积极配合，而且由于得到对方的认可，他们还会产生更强烈的自信感。除此之外，跟对方说"谢谢"这一行为也会令自身对对方产生积极的情感。增强老师对学生的积极看法永远都不会是一件坏事。

根据近年来的许多研究和笔者本人的个人经历来看，如果学生——以及大多数人——被请求去做一件事的话，他们执行这项任务的可能性更高，而且完成任务的速度也更快，然而，如果是被吩咐、被命令去做这项任务的话，他们很可能就不会那么积极和主动了。比如，用平静温和的语气对学生说"请坐吧！"要比用强硬的语气命令他们"坐下！"更加有效。在社区组织者之间流传着这样一句俗语："如果你不给人们说'不'的机会，那么你也就不会给他们说'是'的机会。"通过学生们对于"请求"的态度和反应，老师就可以印证威廉·葛拉瑟所说的"学生对自主性的需求"，并帮助学生获得"提出自主性需求"的机会。这种拥有感会让学生更加坚定地执着于完成任务，同时，这也会成为一种行为模式。

保持冷静

对于老师来说，我们很容易就会产生挫折感，并在愤怒之下做出一些反应——因为我们也是人。然而，这种反应常常会导致一些不太理智的行为，而这些行为带来的结果却并非我们所期望的。在作出反应之前，可以进行3次深呼吸并试着想一些令人放松的事情，这种方式可以增加老师采取更加有效行为的可能性，同时还能够为所有学生力争行为恰当树立一个榜样。

无论老师做出什么样的其他选择，只要他/她用缓和而尊重的语气跟学生交谈，就都会获得更大的成功——当然，最理想的方式就是走到学生身边，为的是只让这一名学生听到老师对他说的话。经研究发现，对某人大声吼叫会降低对方大脑的运转速度，这就会关闭学生大脑中更高级的认知功能，进一步限制学生的学习动力和能力，并迫使他们采取"战斗或者逃跑"的反应。

准备策略

补充葡萄糖

　　研究者已经将自控力的丧失和人体内葡萄糖的损耗联系在了一起，即当受试者的大脑在运用自制能力的期间，葡萄糖的消耗速度要快于其自行再生的速度。他们还总结道，在较长的一段时间内食用释放葡萄糖的食物，比如复合碳水化合物，是摄取较多葡萄糖、恢复自制能力的一种有效方法。我们可以在课前或课间给那些面临自制能力挑战的学生提供少量的什锦杂果或者含有花生的全麦饼干，如果这种方法有效，那么我们就要鼓励学生坚持吃早餐或者携带零食了。

询问学生在美好时刻感觉如何

　　假如有一天一名学生的自控能力一直都保持得很好，老师可以问问他/她当时的感觉是怎样的。通常来说，这名学生会回答一些积极的感受，然后，老师可以让这名学生记住这种感觉，并让他/她把这种感觉和自控能力很差时的感觉比较一下。相比在后一种情况下责问他们为什么这样做，老师应该在学生身处前一种情况时，帮助学生意识到他们此时正在经历的积极情感，这种方式更加有效。在学生表现很好时，老师给学生家里打电话也应运用这种策略。老师可以问学生："你对老师给你家里打电话有什么感受呢？"还可以问："你认为这个电话会让你的父母有怎样的感受呢？"同样，在这种情况下，学生的回答通常都是很积极的。老师可能会告诉他们："我以后想多打几次这类的电话给你们家里。"这个想法是这一策略的另一个变体。

利用压力球

经研究发现，使用压力球可以降低破坏性行为，为学生们提供一个可以放到口袋里的压力球是一个不错的选择。当然，一些学生也许不能够抵制扔球的诱惑，所以大家必须要按照清晰的使用规则并有选择地使用压力球。学生们也需要有人给他们示范使用压力球的方法：他们需要反复地"挤压—释放"，而不能只是一味的挤压，导致压力球破掉。

给学生写信

我会定期地给学生们写私人信件，尤其是那些正在面临着特殊挑战的学生。我会把信放在一个密封的信封中，在信封上写上学生的名字，然后当面把信交给学生本人。对于这些信所产生的效果，我感到很是震惊。下面让我们来看两个样本：

信件一

亲爱的_____：

你是一个拥有很多天赋的年轻人：

◆ 当你决定想去做一件事的时候，你就会抵挡住任何的干扰，全力以赴地去做这件事，而且还会做得很好。

◆ 当你想要微笑的时候，你的笑容就会照亮整个房间，让你身边的每一个人都感觉很舒服。

◆ 当你想要帮助别人的时候，你有能力帮助他们学会如何靠自己解决问题，而不是直接替他们解决问题。

◆ 当事情进展不太顺利的时候，你愿意敞开心扉，告诉大家你此刻的心情，这使你身边的人愿意为你去做任何他们力所能及的事来帮助你。

当你做这些事的时候，你就会让你的每一位老师开心，也会让你的所有同学快乐；当你做这些事的时候，我愿意付出更多的努力帮助你得到任何你想要的东西。

我希望你愿意做这些事，多多地展现你的天赋和才华。

费拉佐

信件二

亲爱的＿＿＿＿＿＿＿＿：

你具有明显的所谓的"职业道德"，对工作认真负责，同时，你还具备成为学校以及生活中的明星的资质。

我很欣赏你快乐和恭敬的态度，有你在班里我感到很开心。

其他学生把你视为团队的领导，这是一种天赋，同时也是一种责任，你就是大家的榜样。

拥有上面我提到的所有素质，你就是一名了不起的模范生！

如果你的自控能力能再增强一点，你就能成为一名明星模范！

我希望你决定要成为一位明星！

费拉佐

帮助学生收拾自己的烦恼

据一些研究显示，如果把一些带给你沮丧和失望的东西放到专门的信封或者盒子里，就会帮助你忘记那些消极的情感。一位研究人员说道："如果你告诉一个人'你必须继续前进'，这并不会有什么效果，而当人们把跟自己的一些消极记忆相关的物品封装起来时，才会真正发挥作用，这是因为人们并不会明确地控制他们的情绪。"

老师可以给学生几分钟的时间，让他们写出或者画出他们在班里遇到的难题，比如，没有完成作业，注意力不集中，上课捣乱等等，然后，让学生把他们写的东西放到一个信封里边，作为摆脱这些难题、迎接新开始的象征。当然，根据这项活动在成绩评定期间开展的具体时间而定，如果这项活动能够和把成绩提升到A结合在一起，就更能强调这一"新"的开始了，活动也就更加有效。

教学设计

在本章中，"自我控制"的课程设计借用了沃尔特·米歇尔博士设计的"不要吃掉棉花糖"的实验。这一课以一种令人愉快的幽默方式说明了发展中的自我控制力是如何关系着学生切身利益的。

当然，如果老师和学生之间没有建立起一种信任关系，那么以上提到的这些策略基本都不会产生作用。包括罗伯特·马扎诺在内的大量研究人员已经证明了师生之间彼此信任的"质与量"在很多方面都对教室中发生的一切发挥着至关重要的作用。

老师们可以通过多种方式和学生建立这类关系：

◇ 坚持每天和两三名学生进行单独谈话，每人5分钟，并进行登记，以了解他们的日常生活情况。

◇ 在每学年初期，让学生完成一份调查表（见表3.2），在学年中期时，再做一次调查，以对比其兴趣和目标发生了怎样的变化。然后，老师可以针对从调查中得到的具体信息和学生进行谈话，或者推荐一些有益的书籍，精心采取一些适当的干预措施（可能需要学校辅导员或者家长的辅助）。

◇ 当你有空闲时间时，可以把一名学生带出教室几分钟，去散一会儿步，聊一聊他/她最近的情况。

老师可以进行家访，去看一看学生，并拜访一下他们的家庭。和学生的父母保持联系是很有益处的，因为这可以帮助老师从学生父母多年来的经历中了解到什么样的策略会对他们的孩子起到良好作用，无论是在校内还是在校外。也许在一些实例中，有的老师已经尝试了本章列出的所有方法，甚至更多，但是学生仍然会制造破坏性行为（可能比以前稍微收敛了一些，但仍然具有破坏性）。在这种情况下，老师们可以倾向于利用"操作性条件反射作用"的原理，换言之，就是"胡萝卜加大棒"的策略，其中，大棒策略（惩罚）是司空见惯了的，所以这一章节的大部分内容强调的都是如何识别和使用胡萝卜策略（奖励）。

问题1和问题4都讨论了这类行为管理的后果，即可以有效地控制简单行为的"机械性动作"，但却会扼杀高阶思维能力的发展。也正因如此，在学生们还没有受到其影响之前，老师必须要制定一个计划来帮助他们彻底摆脱这一机制。

一种方法就是和捣乱的学生进行谈话，首先询问他们对于自己在班里的行为和学习状况有什么看法；然后，可以向他们解释你希望他们能够成功，但是你很担心情况正在朝着错误的方向发展；你还可以问问要想取得成功，他们需要什么，换言之，就是要找到值得他们为之而努力的东西。我已经和不同的学生达成了协议，协议内容也不同，比如，同意某些学生可以暂时不用做作业，允许他们提前一两分钟去吃午饭，我给他们一些奖励让他们每周有一天提前来学校给我帮忙，等等。当这些学生开始要恢复到原来的行为时，我就提醒说"要记住我们的协议哟"，这要比直接责备他们的具体行为更能激励他们（和我）。

在制定和实施这类策略期间，老师可以告诉学生这些都是暂时性的安排，目的是为了帮助他们培养自控力，而自控力则是实现他们目标所必需的一种能力。

胡萝卜策略以及运用这些策略的方法还有很多，例如，如果学生确实很关心他们的成绩，你可以一人分发一张便利贴，让他们贴在桌子上，每15分钟检查一次，如果他们的举止得体、不再做你禁止的行为，而你也不用通过告诫将他们拉回正轨，他们便可以在便利贴上做一个标记，直到放学的时候，他们把便利贴交还给你，上面所做的每一个标记都会帮助他们得到一定数量的额外加分。

在运用这一策略的过程中，我们还要格外注意一点，那就是每一次我们只能集中改变他们的一种行为。在成功改变了他们的一种行为之后，这种成就感会增加获得更多次成功的机会。我们之所以需要采用这种策略，是因为负责我们意志力的大脑分区还承担着很多其他的职责，所以它只能处理这么多的信息：大脑中主要负责意志力的前额皮质位于我们前额的后部，尽管在人类进化的过程中，这一点组织已经大大地扩展了，但因为承担了许多其他职责，其扩展的程度很可能还不够……比如，科学家们已经发现这一部分皮层还负责帮助我们集中注意力，处理短期记忆并解决抽象性难题。

研究还表明，那些愤怒的人更加关注奖励，而非威胁。奖励可以囊括本章中列出的所有想法，比如，提醒学生集中注意力可以帮助他们达成目标，向他们说明老师了解他们并没有表现出真正的自己，以及让他们知道老师很希望能够给他们的成绩评为A。

运用大棒策略很容易，不过，与其求助于这一方法，也许我们更应该多花一点时间研究一下如何在胡萝卜策略上进行创新。

表3.2 学生调查

姓名：_____   班级：_____

自我介绍

请花一些时间认真思考以下问题，然后做出回答，你的答案会帮助我更加了解你。如果本页纸的空间不够，你可以写在背面。谢谢！

你的姓名：_____

你希望别人如何称呼你：_____

你的地址和家庭电话：_____

_____

你父母的工作电话：_____

你的生日：_____

1. 早晨睡醒的时候，你最期待的是什么？为什么？

2. 在业余时间，你喜欢做什么？为什么？

3. 当你考虑将来高中或大学毕业之后的生活时，你最想从事的的职业是什么？为什么？

4. 无论是在学校内还是学校外，你觉得自己能将什么事情做得很好呢？

5. 你最喜欢的诗歌、故事、小说或者散文是什么？为什么你会喜欢它们？

6. 到明年的7月份之前（距今还有10个月的时间），你想要完成的最重要的3个目标是什么（可以和学校有关，也可以和生活中的其他方面有关）？这些目标为什么对你很重要？

课程设计：学会自我控制

教学目标

通过本课的学习，学生们将会：

◇ 阅读一篇具有挑战性的文本，练习使用阅读策略。

◇ 了解掌握自控能力的好处以及维持自控能力的策略。

◇ 进行一个简短的陈述，介绍一下自己都学到了什么，以及自己将如何把学到的知识运用到生活中去。

时间长度

第一天：1课时，共45分钟；第二天：30分钟（可选择、非强制性的）。

汉语语言艺术共同核心标准

阅读

◇ 确定文章的中心思想或主题，并对其发展脉络进行分析，然后总结出支持论点的关键论据和细节。

写作

◇ 在分析实质性话题或文本的过程中，用来支持文章观点的论据必须要令人信服，具有相关性且证据充足。

听&说

◇ 与不同的伙伴展开一系列的谈话和合作，以他人的观点作为依托，然后再清晰而有力地表明自己的想法。

语言

◇ 在写作和对话的过程中，要能够熟练掌握标准的汉语语法规则，并能正确使用。

◇ 在写作过程中，要能够熟练掌握标准的汉字书写、标点符号以及汉语词汇等方面的规则。

教学材料

◇ 下载与"自我控制"主题有关的文章，比如乔纳·莱勒的《不要！

自我控制的秘密》，节选重点部分并打印，为每位学生都准备一份。

◇ 需要准备电脑配件和投影仪来播放一段6分钟的视频《乔辛·迪·波沙达说：先别急着吃棉花糖》。

◇ 从文章摘录关于如何让自己通过转移注意力来抵挡诱惑的一部分，进行打印，为每位学生都准备一份。

◇ 海报纸和彩色笔或者铅笔。

◇ 为每名学生准备两块糖果。

流程

第一天

◇ 老师先在板子上写下"自我控制"几个字，给学生几分钟的时间，让他们写下这个词是什么意思，之后，学生们可以和他们的同桌分享彼此的答案，这时老师要在教室中走动，选定几名学生让他们跟大家共同分享他们的看法。

◇ 然后，老师表演一个动作，比如，假装想要朝一个人扔铅笔，但最后还是克制住了自己。老师可以结合自己的生活经历，分别给学生们举几个自己很好地运用自控力的例子，以及没有很好地自我控制的时候。

◇ 让学生们至少写出一次自己没有展现自控力的时刻，并和自己的同桌或者全班分享。

◇ 之后，让学生们写出很好地展现了自控力的时刻，并跟大家分享。

◇ 把选取材料发给学生们之前，老师要先给大家下达指令，即学生们需要以两人一组的方式阅读文章，轮流给对方大声地朗读文章的各个段落；在读完每一段之后，学生们还需要用下划线或者其他方式标注出能够体现各段落主要内容的词，最多不超过6个，并用一句话为各段落做一个总结。在大家开始这些工作之前，老师要先标注两个短语——一个是好的例子，另一个是不好的例子——让大家从中选出好的例子，并解释原因。同时，老师要向大家说明标注关键词的重要性：这种技巧在其他课程中也会有助于大家，因为有了关键词，就不必重新阅读整篇文章了。在这项活动进展中，老师可以适时打断大家几次，让一些同学跟大家分享他们写的总结句。

◇ 老师在每位同学的桌子上放一块糖果，并告诉他们如果在下课的时候，糖果还在，他们就会得到第二块糖果。

◇ 老师再一次表演假装想要朝一个人扔铅笔但最后还是克制住了的动作，并向学生说明强化自我控制力的策略。比如，我希望老师夸我是一名好学生；我希望在这门课中得A；我不想扔那位同学，因为我想起了他过去对我很好的时候；如果那位同学受伤了，我会很难过；等等。

◇ 老师向学生们播放6分钟的已备视频，比如TED大会的演说，其中有一段类似的试验。

◇ 把第二份摘录的文章内容发给大家（这一部分摘录讨论了避免"吃掉棉花糖"的策略），让大家以两人一组的方式朗读文章，并标注出关键词，每段最多标出6个，同时，用一两句话概括出文章的主要观点，然后把自己的答案和另一组同学分享。

第二天

◇ 老师给学生们一分钟的时间，让他们回忆前一天所学的关于自我控制的知识，并为大家指定合作伙伴，请每一位同学向他的搭档讲解他们所学的东西，而每一位搭档假设自己是老师，要给自己伙伴的表现评分，事先说明这一评分不会被记录，以便大家以一种轻松的态度来对待这一环节。分享结束之后，老师提问哪些同学得了A，哪些同学得了B等等，然后，请几名学生来跟全班分享他们所记得的关于自我控制的知识。

◇ 然后，老师向学生展示一份自己制作的海报模型，其中一半的标题为"当我想这样做的时候……"，另一半的标题则为"相反，我要这样做……"。例如，在第一面上可以画一幅图，图中显示自己想在上课时扔铅笔，并附上这样一句话"当我想在班里扔铅笔的时候……"，海报的另一面可以画出他正在思考"我想在班里好好表现"，而其标题则是"相反，我要思考一下我有多喜欢在这个班里"。学生被要求去思考他们没有很好发挥自控力的一次经历——可以用已经写出来的例子，也可以再想一个其他例子，可以在学校里，也可以在家里，又或者和朋友一起，等等。然后，大家把这些事画在海报的一面上，而在另一面上，他们要画出可以怎样做来控制和纠正自己，在画图的时候，大家可以用"思考泡泡"的方式来说明他们是如何把自己从失控的状态牵引到正确的自控轨道上来的。

　　◇ 给学生一定的时间制作海报，然后请他们跟大家分享（海报制作可留作家庭作业，而不占用课堂时间）。分享的方式可以采用"快速约会"的形式，即全班学生平均分为两组，每一组排成一列，然后两组学生面对面向彼此展示自己的海报，就这样依次更换各自的分享伙伴。

　　◇ 请学生们把制作的海报贴在教室的墙壁上，作为一种提醒和回顾。

评估

　　◇ 我们可以很容易判定学生们在两人一组的阅读环节以及海报制作的环节中是否遵循了老师的指示。

　　◇ 老师应该要求学生们用我们在问题1中讨论过的ABC回答模式来重点突出他们认为最有意思的一条信息。根据学生的回答，他们是否遵循了正确的格式将一目了然。

可能需要扩展或修改的方向

　　◇ 在一学年中，老师可以定期地让学生通过书面形式或者口头形式汇报一下在最近的一段时间中，他们所经历的"没有急着吃掉棉花糖"的时刻，以及他们采取了什么样的策略帮助自己很好地发挥了自我控制能力。

　　◇ 在本课结束几天之后，老师可以让学生回答以下几个问题，将答案写在纸上后和自己的同伴彼此分享，问题如下：从棉花糖这一课中，你学到的最重要的一点是什么？你觉得这一课有趣吗？如果有趣，为什么？如果无趣，又是为什么？

　　◇ 推荐一段简短的视频《意识的形成》，它是关于棉花糖实验的创始人沃尔特·米歇尔博士的，在这段视频中，米歇尔博士向我们解释了这一测验可能产生的长期影响，因为学生们在本课中还阅读了一些关于他的事迹，所以这段视频可能会对学生们产生双重冲击；此外，这段视频还展示了一段有趣的"逆转的反击战斗王"的活动，旨在帮助学生们培养自控能力。

◇ 如果老师想要在将来的课程中再次强调自我控制能力的价值，他可以从最新的关于"成绩和自控能力"的研究中摘录一部分作为"大声朗读"的内容。老师可以把和棉花糖的研究结果相似的一段摘录通过投影仪展示出来："一个人自控能力越强的话，其平均成绩往往也就越高，同样，其自尊感也更强……暴饮暴食和酗酒的情况会更少，和朋友及家人的关系会更好，人际交往的能力也就更好。"老师可以提问："在你看来，为什么自控能力强的人更能获得这些好处呢？"

◇ 几组学生可以根据自己的海报内容表演两段一分钟的情景剧，其中一段要展现出他们屈服于不好的诱惑，另一段则展示他们如何抵制住了这一不好的诱惑。

教学技术：制作3D电影

利用互联网，学生们可以免费下载Web 2.0应用程序，利用其中的"从文本到语音"功能，就可以很轻易地制作出一部在线3D电影，来展示他们在海报中划分的两种选择。

问题4

如何重新控制失控的课堂？

> 我害怕去学校，我已经很努力地去了解我的学生了，但是大部分时间他们都不听我讲课。上课的时候，他们总是互相扔纸团和铅笔，还有许多学生根本就不做作业，而当我生气地朝他们大吼时，又似乎只会让情况更加糟糕，我真的不知道该怎么办了！

我也遇到过这种情况，也跟这位老师一样大吼过，可那却是我执教生涯中最糟糕的时刻。在我的课堂管理"工具箱"中，似乎没有一个策略能起作用，我当时也感到很迷茫，束手无策。

所以我开始寻求帮助，并得到了吉姆·彼得森的指导，他是我们学校非常有才华的一位管理者，同时还是一位行为治疗师和临床催眠治疗师。吉姆向我推荐了他正在开发的一项课堂管理策略，这是我所见过的关于重新控制失控课堂所有策略中最有效的一项。本章中对这项策略的描述包含了一些对吉姆的研究体系的修改，主要是添加了一些积极的用于强化管理效果的补充内容，以及帮助学生们"戒掉"这一体系的方法，但大部分内容来自于吉姆的设计。

这种体系采用的是"胡萝卜加大棒"的方法，这种方法的长期负面后果已经在问题1中阐释得很清楚了，但是，在某些极端的情况下（参见问题3），暂时性地采用奖励和惩罚的措施可能是为数不多的选择之一。尽管这很可能是一个挑战，但它也很可能是一条能够引领学生培养更多内在动力的途径，这种途径是具有批判性的，在第一章里我们已经讨论过了，尽管胡萝卜和大棒的方法能够有效地激励学生的机械性行为，例如遵循老师的指示，但却不能提高其高阶思维能力。

准备策略

计分机制的运作方式

吉姆的研究体系的主要理念就是利用分数来立即强化积极行为，并对消极行为进行即时惩罚，但须注意的是，实施这一体系时不能打乱正常的课堂流程。无论是不是在"胡萝卜加大棒"的环境之下，快速反馈对于学生的学习和行为都具有重大的影响，所以时效性是这种方法取得成功的关键因素。

在吉姆的体系中，上课时间被分成了几个部分，学生们在每个部分最多可以赚到50分，例如：一节45分钟的课可以被划分成20分钟和25分钟的分区，学生们一共可以赚到100分，或者，这堂课可能会做3项主要的活动，那么它就会被分为3个部分，学生们一共可以赚得150分。

每一个部分开始时，老师都会先给学生们50分作为基础分，在接下来的课堂中，如果他们能够专心于课堂任务、遵循老师的指示、不在课堂上捣乱，那么就能够保有这50分。老师会不断通过口头方式给他们"支付分数"（你可以称之为"有声印章"），比如，老师会说"约翰，你目前的分数是50分，希望你能保持"等等，然后把分数记在笔记板上。如果学生没有遵循老师的指示，老师就可以说"约翰，你目前的得分是45分，希望你能保持。"30分可能是老师希望见到的底线，如果学生的得分降到了30分，可能就要采取其他的干预措施了，比如，罚这名学生值日一周。这种"口头付分"（和扣分）会随时在班里发生，如果学生们在一个部分中失掉分数，他们还可以通过重新聚焦于接下来的行为把分数挣回来（我总是希望所有的学生都能够得满50分），至每课时结束时，老师们要把学生们的总分数告诉他们。

在老师的笔记板上利用吉姆设计的"每周统计表"（见表4.1），我们就能够很容易地记录下学生的分数了。

表4.1　班级每周统计表

你可以根据你的课堂布置来任意设计这张表，表4.2是把一名学生的每周统计表扩大后的效果。

学生的姓名要填在顶端的长矩形框内，图中的每一个方格子都由5个纵列组成，其中的每一个纵列分别用来记录学生在一周中的每天的得分情况，而每一个纵列又包含4个小方框，这些小方框则分别用来记录学生在一节课中的每一个部分中的得分情况（我们在上文中提到过，一节课中的每一部分值50分），当然，老师可以根据实际情况将每节课的划分减少为两个或三个部分。

老师可以使用任何让自己觉得舒服的追踪系统，比如，当学生们得到满分时，不在表格上面留下任何标记，而当他们失去5分时，在表格上的小方框里用细线条标记，而当他们把分数赚回来之后，将之前做的标记擦掉即可。这种方法不要求保持过多的记录，因为其宗旨就是要让这张表格尽可能保持空白。

表4.2　一位学生的计分表格

确保这一体系取得成功的一个关键要素就是在开始每一部分之前，老师都要把自己对学生们在这一部分的期望表达清楚。例如，如果在接下来的30分钟，学生们即将要两两合作来阅读一篇文章并回答问题，或者针对这篇文章开展其他项目，老师可以说"在接下来的这一部分，我希望每个人都能保持50分"，然后把相关的指示和期望都列在黑板上，或者通过投影仪展现出来：

1. 现在请面向你的合作伙伴，在我说"开始"之后，双方轮流阅读这篇文章的每一个段落，每一段阅读时限为90秒钟。

2. 在读完每个段落之后，请选择其中的一种阅读策略——图像化、联系、评估、总结、提问，在旁边写下你的观点和看法。

3. 只和你的同桌进行讨论。

4. 待在你的座位上。

需要注意的是，这些指示的内容既要说明学习任务，又要提出对学生的期望。

当学生们进行任务的时候，老师可以在他们之间来回走动，并时不时地提醒他们，比如，"约翰，你现在有50分"，"萨利，你现在还有45分"，等等。大多数情况下，老师没有必要告诉大家为什么会扣他们的分数，因为之前的指示已经很清楚了，而一般而言，学生们都知道自己有没有遵循这些指示。如果有学生提出抗议，老师只需要告诉该学生："我希望你能够把分数挣回去，只要你仔细看一下指示说明，然后照着上面说的做，就肯定能够做到。"

学生们的行为很快就会发生改变，以前许多学生都是通过课上聊天、破坏课堂来获得满足感，而现在，他们可以通过赚取老师的分数来获得这种满足感了。

开始启动这一机制

如果可以的话，在开始启动这一新体系时，最好能够为学生们提供一个"新开始"的大环境。例如，在开始运用新体系的这一天，可以为学生们重新安排座位，并将新的座位表贴在墙上，让学生们一进班中就可以看到。伴随着这一新的开始，老师甚至还可以宣布每位学生的分数都会重新归为A。这些举动都会在无形中告诉学生情况要发生变化了，而他们会以一种积极的心态来构想许多事情。老师要向大家说明，他对班级一直以来的情况不是很满意，所以决定尝试一些新的办法，这些管理体系也会有助于大家更容易保持好成绩，相信大家会喜欢的。迅速向学生们解释这一新体系之后，我们便可以按照上文的运作方式进行操作，往往很多时候，最调皮捣蛋的学生恰恰是最喜欢这一新体系的，他们可以看到自己一直以来的表现，而"赚取分数"的想法也在他们的经验范围之内。

将其作为"课前热身"活动

一般情况下，学生们都知道在每节课正式开始之前，他们都要做一个"课前热身"活动，活动内容包括读书、回答问题、完成一道数学难题等等，吉姆·彼得森强调了在这些课前活动中运用这一新体系的重要性。老师可以在课前安排5分钟，让学生们进行这些启动性的活动，同时，在学生中走动并给大家"支付或者扣除"分数。这一过程会让学生们立即集中注意力，为课堂剩余时间保持良好状态打下基础。

适时帮助学生脱离这一机制

我们可以连续密集地采用这种计分机制，一个月之后，如果效果显著的话，就可以逐渐帮助学生摆脱这一机制了。这时，老师可以逐步减少告诉学生总分数的次数。一段时间后，如果情况进展顺利，老师就可以宣布：这段时间以来，大家通过良好表现证明了自己是一名认真刻苦的好学生，所以老师决定分批让同学们脱离这种计分机制，表现最好的同学可以首先脱离，而他们也会自动获得最高分值，但同时也要予以警告，如果脱离机制的学生恢复不良行为，那他们也会被重新纳入到计分体系中去。这时，我们就会经常听到学生们之间互相询问"你脱离计分体系了吗？"或者学生们的自豪回答"我脱离计分体系了！"在这种情况下，老师要及时表达出他对大家做出改变的赞许与欣慰。

如果有的学生脱离了计分体系之后却不适应，表现很不好，老师可以对其发出警告："你们可能会重新回到计分机制中。"当我第一次跟一名学生这样说的时候，他很是羞愧，并向我保证："不，我不需要这一机制，我能学会自我控制，没有这一机制的帮助我也能很好地完成任务。"

这是学生们在那种情况下最典型的一种反应，而到了这一阶段，学生们不会仅仅是为了高分数而想要去赚取分数了。当然，即使他们意识到了这一点，有些学生可能还是会不太适应。个别学生可以重新被纳入到计分体系中，时间可以是一天，一个星期，也可以是一个月，视具体情况而定，又或者，可能哪一天全班学生都需要暂时地重新体验一下计分体系。但是，当他们真的再次经历计分体系时，许多人会产生和那名学生同样的感觉——他们会因为自己还需要"胡萝卜加大棒"的方法来约束自己而感到羞愧，并会尽最大努力尽快恢复自我控制。

当你不再采用这种机制之后，学生们会一直都表现得很完美吗？答案当然是"不会！"但如果两组学生都进行了实际的学习行为，其中一组行为的80%来自于内在动力的驱使，而另一组行为的95%来自于老师的外在控制和干预，就结果比较而言，前者明显要优于后者。

将这一机制作为预警机制

为了有效避免课堂失控的困难处境，我们可以将这一机制作为预警机制加以采用，比如在开学第一天就把这一机制介绍给学生。之后，你可以给予一个积极的暗示：大多数学生彻底戒除这一机制所需的最短时间为两周，你希望你的学生能够打破纪录。

特别是在新学年之初，学生们可能还会有一些踌躇不决，而大部分班级都会在纪录时间内戒除这一机制，它意味着这一年就有了一个好的开端，而且这一机制会在课堂完全失控之前就适当地发挥干预作用。

问题5

如何帮助学生
将问题视为机遇而非挫折？

> 我不断地听到学生们说一些听起来很像借口的话，比如，
> "这道题太难了！"，"我就是不明白！"，或者"这节课真无
> 聊！"。听到他们这样说，除了告诉他们"我知道这很难或者
> 很无聊，但有时候在生活中，我们不得不去做一些困难或者无
> 聊的事情"之外，我实在不知道要怎么做了。

许多年前，我遇到了一位先生，他曾经和莫罕达斯·卡拉姆昌德·甘地一起为了印度的独立而奋斗过。这位先生告诉我："甘地能够取得成功的一个关键原因在于他把遇到的每一个难题都视为一种机遇，而非痛苦。"

当时我还很年轻，但听到这样充满智慧的评论后，我当即就深刻领悟了其中的含义。这些年来，这句话被我牢记在心，它也极大地充实了我的生活，但问题是，我们要如何帮助学生们理解并运用这一概念呢？

在这一章中，我们会讨论一些相关的想法和观点，包括即时对策、准备策略以及两个课程设计样本，其中，"坚韧和成长的心态"课程是对问

题1中"大脑就如同肌肉一般"一节的后续追踪。

即时对策

给学生提供反馈

卡罗尔·德韦克是斯坦福大学的一名教授，她认为表扬学生所付出的努力（而非智力）是非常重要的，为此她进行了深入研究，并完成了大量的相关著作。她的研究表明通过对学生们的毅力提出表扬并对他们克服障碍时所采用的策略予以夸奖，我们可以强化他们的成长心态，而他们则会感到充满能量，对于如何克服难题成竹在胸。

卡罗尔·德韦克还把这种成长心态和固定心态进行了对比，后者是以夸奖学生的智力为基础的，比如，"你真聪明，这么快就完成了这个项目！"。被赋予这种固定视角的学生往往都会希望让自己看起来"很聪明"，而他们重视这种形象胜过于学习，会倾向于去做一些更加简单的工作，甚至会为了避免自己犯错而去作弊，因为在他们看来，犯错不应该成为他们自我形象的一部分，他们认为一旦犯错，就会让他们看起来不太聪明。

德韦克还进行了几项实验。在实验中，她将经过首次测试而成绩不相上下的学生分成两组，夸奖其中一组学生很聪明，而表扬另一组学生很努力，然后，要求这两组学生去解决一些比较难的谜题。结果发现，在解题的时候，被夸奖很努力的那组学生要比另一组学生用功得多，而被夸奖很聪明的许多学生中途都沮丧地放弃了。这时，两组学生会重新接受一次智力测试，这次测试的内容和第一次相似，但在第二次测试中，被夸奖很努力的那组学生得分较第一次有所提高，而另一组学生的得分则下降了。

给学生们提供怎样的反馈常让我们感到迷茫，这时，我们就需要记住一条准则：描述并（或者）提问，这条准则会对我们很有帮助。下面对学生进行表扬的几个例子就是运用了这一框架，它们对于发展学生的"成长心态"很有帮助：

◇ "约翰，你的那篇文章修改了两稿，非常好。你怎么想到要这么做的呢？"

◇ "整个过程中你都专心致志地进行这个项目，完全没有分心，像这样集中注意力把自己的任务做到最好，非常棒！"

◇ "当别的同学被提问的时候，你也认真地听了问题，而且，你还提出了一个很好的问题，这真的是太好了！"

◇ （老师对一位可能正面临着行为挑战的学生说）"弗兰克，今天你真的很专心，注意力也很集中，你能告诉我你是怎样做到不分心的吗？因为这可能会给我一些提示和灵感，然后我可以把这种方法建议给其他的同学。"

如果一名学生很容易而且很迅速地就能完成功课，又如何呢？让我们来看看卡罗尔·德韦克是怎么说的吧：

如果一名学生没有经过任何努力就轻而易举地拿到了A，又怎么办呢？我会说："很好，看来这对你来说太简单了，那么就让我们来做一些更有挑战性的测试吧，这样你才会从中有所收获。"我们不希望让那些很容易就能完成的东西成为我们所钦佩的基础。

准备策略

帮助学生看到自己的成长

卡罗尔·德韦克建议我们要为学生创造机会，让他们明白知识的增长也能够推进成长心态的发展。

举例来说，在位于加州萨克拉门托的路德伯班克高中设有一座卵石溪实验室，该实验室的课程就深受这种方法的影响（全国各地的许多其他学校也都采用这种方法）。在开始进入主题单元之前，首先给学生们展示一系列的关键词汇，大家以小组合作的形式在不借助于词典的情况下试着去确定每一个词是什么意思，而老师不会给大家提供正确答案。在学习这一个单元的几周之中，学生们会定期地重新查看这个词汇表，并根据他们在单元活动过程中所学习的上下文语境对这些词汇进行定义。

同时，在每一个单元开始时，学生们都会被要求写下他们对自己即将要学习的这个话题都有哪些了解和认识，学生们写完后，老师会把这些都收起来，然后在这一单元结束时，再还给学生。通过这种方式，可以让学生们对比现在，从而得知自己在学习之前对相关知识是多么的知之甚少。

我们可以把考核期拉长，让学生们把自己在这一年中所写的东西都收集起来，包括学期开始时所写的，然后用一个进步评价量表对自己写的这些文章进行评估。我们将在下文中具体讨论进步评价量表这一课的课程设计，它对实施这一想法进行了指导。

培养学生的坚韧品质

安吉拉·达克沃什是宾夕法尼亚大学的一名教授，她和卡罗尔·德韦克一样，也进行了相似的研究，但是，安吉拉·达克沃什没有使用"心态"这一术语，而是根据坚韧的强弱把人的性格划分成了两类。她把"坚韧"定义为面对各种挑战和诱惑，仍然坚定地朝着目标而奋斗的毅力，把忽略干扰的能力看作是培养坚韧力的关键素质。

本书中，我们将安吉拉·达克沃什和卡罗尔·德韦克的研究合并到"坚韧 & 成长心态"的课程设计中。

教学设计

课程设计一：培养坚韧品质 & 成长心态

教学目标

通过本课的学习，学生们将会：

◇ 了解"心态"和"坚韧"的心理学概念。

◇ 通过阅读一篇具有难度的文本，练习使用阅读技巧。

◇ 运用策略来培养一种成长心态，并使自己更加坚韧。

时间长度

第一天：1课时，共45分钟；第二天：30分钟。

汉语语言艺术共同核心标准

阅读

◇ 确定文章的中心思想或主题，并对其发展脉络进行分析，然后总结出支持论点的关键论据和细节。

写作

◇ 在分析实质性话题或文本的过程中，用来支持文章观点的论据必须要令人信服，具有相关性且证据充足。

听&说

◇ 与不同的伙伴展开一系列的谈话和合作，以他人的观点作为依托，然后再清晰而有力地表明自己的想法。

语言

◇ 在写作和对话的过程中，要能够熟练掌握标准的汉语语法规则，并能正确使用。

◇ 在写作过程中，要能够熟练掌握标准的汉字书写、标点符号以及汉语词汇等方面的规则。

教学材料

◇ 为每位学生都准备一份与主题"坚韧"有关的文章节选，比如《揭秘"坚韧"的真相》的前两页材料，即前11个段落的内容。

◇ 为每位学生准备一份迈克尔·乔丹、吉姆·马歇尔和托马斯·爱迪生3人关于"失败"的引述，可以作为"大声朗读"部分的内容：

⊙ 我在球场上曾经9000多次投篮不中，输球将近300场，有26次关键时刻，当所有人都认为我会投中制胜一球时，我却失手了！我的生命中充满了一次又一次的失败，但正因如此，我才会成功。——迈克尔·乔丹

⊙ 尽管他很不想在下半场出来，但是他记起了父亲曾经教育过他要有责任感：如果你犯了错，你就要把错误纠正过来。马歇尔跟我说："我意识到自己面临着一个选择，要么坐以待毙、自怨自艾，要么就振作起来，用实际行动来改变局面。"最终，这半场比赛成为了马歇尔打得最成功的半场之一。他对传球员发起了3次拦截，导致对方漏球，名人堂的卡尔·埃勒成功地接到球，然后一路狂奔，最终触地得分！

⊙ 我从来没有失败过，一次都没有，我只是发现了一万种不可行的方法。

——托马斯·爱迪生

◇ 关于挑战的例子（见表5.1）。

◇ 借助电脑投影仪以及互联网使用权限向同学们展示几段相关的视频，比如：

⊙ 耐克广告之迈克尔·乔丹的"失败"篇

⊙ 1964年，吉姆·马歇尔在赛场上跑错了方向

◇ 需要投影仪或者海报来完成策略图。

💻 流程

需要注意的是，"大脑就如同肌肉一般"的课程设计应该在本课程之前开展。

第一天

◇ 向学生们说明这节课大家要学习"失败"与"犯错"，以及在失败和犯错之后我们应该怎么做。老师可以由提问开始："如果你曾经没有成功得到你想要的东西，或者你曾经犯了错误，请举手！"然后，把这个问题写在黑板上或者展示在投影仪上，请大家用3分钟时间思考这个问题：

思考一下，你是否曾经没有成功得到你想要的东西，或者你是否曾经犯过错误，请具体描述一下。

然后，让学生把他们的回答写出来，一分钟之后，老师再在黑板上写下第二个问题：

这种经历让你有何感觉？

同样，老师会给学生们一分钟的时间写出自己的答案，然后，让学生们两两一组，互相分享，从中挑选几名学生来与全班同学分享他们的经历。

◇ 接下来，老师请听说过迈克尔·乔丹的学生举手，并让了解他的学生向大家介绍一下他的事迹，然后，说明今天的主题——学习迈克尔·乔丹是怎么看待失败和错误的。接下来，播放耐克的广告，将他说的那段话显示在投影仪上（参见上文引述内容）。给学生们一分钟的时间，让他们思考一下："乔丹为什么这样说呢？"，要求大家把他们的回答写出来，跟自己的搭档分享，同样，老师可以挑选几位学生来和全班同学分享自己的回答。

◇ 老师播放吉姆·马歇尔在赛场上跑错方向的视频，然后阅读马歇尔在比赛之后说的话（参见上文引述内容，如果老师认为这段话太冗长了，为了节省时间，也可以跳过这一部分）。

◇ 给大家朗读托马斯·爱迪生说的那段话（参见上文引述内容）。

◇ 视频播放与引述朗读完毕后，让学生思考这3段话之间存在什么共同点，并将自己的感想写下来，然后与自己的搭档彼此分享，老师可以挑选几名学生作为代表与全班分享自己的观点。

◇ 接下来，向大家介绍今天要学习的其中一个内容是"坚韧"的心理学概念。把这个词写在黑板上，并予以解释：坚韧是一种坚忍不拔、克服困难的能力，尤其是在事情没有朝着你所希望的方向发展时，你还能坚持不懈，并且在追寻目标的过程中不会因为任何干扰因素而分心。

◇ 老师将一篇关于"坚韧"的文章节选发给大家，让每名学生轮流跟自己的搭档朗读段落，每读完两个段落后，他们就要通过写作形式来练习一个具体的阅读策略，阅读策略包括以下几种：建立联系、通过想象将内容可视化、提问题或者写总结，以上几项策略都要练习两遍。这段摘录的内容应该包括几个段落，老师可用第一个段落来为大家做示范：首先阅读第一段，然后模拟写一段总结，再用第二段和第三段内容示范其他几种策略，之后，学生们两两一组，开始执行任务。

◇ 在此期间，老师可以打断学生们两三次，让他们跟大家分享一下自己针对每一个段落所写的内容。

◇ 接下来，老师要向大家介绍卡罗尔·德韦克对"坚韧"的不同称呼，她称之为"成长心态"。在成长心态之下，人们在失败时会认为自己需要更加努力，而且也会凭借这种心态使自己恢复活力，错误就像谜题一样吸引着人们奋力进行修正，而在固定心态之下的人则会认为自己没有能力做这件事，因此，成长心态会让我们更加重视勤奋和努力，获得成功的可能性也越大！

◇ 老师可以自己的生活经历为例来为大家阐述这两种不同心态下的结果。

◇ 接下来，老师请大家列出曾经让自己感到困难而具有挑战性的那些时刻，讨论在面对挑战时，大家要采用什么样的策略，使我们既能成功解决问题，又能形成一种成长心态。在画架纸上或者投影仪上，将一个页面分成两个纵列，左边标记为"挑战和困难"，右边标记为"如何克服它们"

（见表5.1）。各人完成任务后，让大家以两人一组的形式合作列出更多的挑战和更多的策略，挑选几名代表与全班同学分享，老师记录下他们的内容，创建一个主控图，并将其挂在墙上。

🍎 评估

◇ 老师可以通过提问学生从本课中学到的最有意思或者最重要的一点是什么来进行评估，要求大家利用问题1中讨论过的ABC模式来作答，并写下来。从学生们的回答中，我们很容易就能确定他们是否运用阅读策略对关于"坚韧"的文章进行了正确的注解。

⚽ 可能需要扩展或修改的方向

◇ 学生们可以制作一份海报，通过这种方式来展示一项或两项具有挑战性的事项以及用来克服它们的策略。

◇ 老师向学生们保证他只会对大家的勤奋和努力（而非智力）做出表扬，并让学生们监督他。可以将这一约定转化成一个游戏：每当有人发现老师违反了这一约定，他就会得到一些小奖励。

◇ 向学生们示范之后，请他们在纸上写出一些自己以前并不擅长而现在却做得很好的事情，并说明自己是如何达到现在这个水平的，然后，和同桌以及全班同学分享自己的经历。正如德韦克所说的："这种讨论可以鼓励学生不要因为自己目前不擅长的事情而感到羞愧和烦恼"。

教学技术：在线测试

老师可以通过互联网找到一些关于本课主题的在线测试，作为学生的一种非正式的评估。

表5.1　挑战和对策

挑战和困难	应对策略
数学对我来说是一门很难的课程。	可以请一位家庭教师。
打篮球投球技术很差。	每天拿出半小时练习外线投篮。
不明白一些词语的意思。	查词典或者重新阅读文章来获取上下文的线索。
觉得学习没劲儿，不能集中注意力。	列出一个学习计划，每完成一项任务就将这一项划掉，随时让自己充满成就感。

课程设计二：学会使用进步评价量表

教学目标

通过本课的学习，学生们将会：

◇ 在一段时间的前期和后期分别填写两份内容相同的进步评价量表，对自己写的文章进行比较和评估，填写这两份表格的时间间隔要有实质性的意义。为了本课程设计考虑，可以拿学期初的作文与学期中的作文进行评价。

◇ 反思自己最需要集中努力提高写作的哪些方面。

◇ 利用进步评价量表中的信息作为修订基础，选择自己的一篇作文进行重写。

时间长度

1课时，45分钟（可适当延长）。

汉语语言艺术共同核心标准

阅读

◇ 确定文章的中心思想或主题，并对其发展脉络进行分析，然后总结出支持论点的关键论据和细节。

写作

◇ 在分析实质性话题或文本的过程中，用来支持文章观点的论据必须要令人信服，具有相关性且证据充足。

◇ 所写文章必须要清晰而连贯，并且文章的发展、组织和风格都必须要符合写作任务、写作目的以及读者的口味。

◇ 通过认真计划、修改、编辑、重写或者尝试新的方法来发展和强化写作能力。

听&说

◇ 与不同的伙伴展开一系列的谈话和合作，以他人的观点作为依托，然后再清晰而有力地表明自己的想法。

语言

◇ 在写作和对话的过程中，要能够熟练掌握标准的汉语语法规则，并能正确使用。

◇ 在写作过程中，要能够熟练掌握标准的汉字书写、标点符号以及汉语词汇等方面的规则。

教学材料

◇ 每位学生所完成的用来参与评估的两份作文。

◇ 为每位学生准备一份进步评价量表（见表5.2），老师们也可以自己重新制作一份，但要注意强调自己在课堂教学中所聚焦的写作方面。

◇ 为每位学生都准备一份反思性问题（见表5.3）。

◇ 需要投影仪或者文本摄像机来展示评价量表和反思性问题。

流程

第一天

◇ 老师对学生们说明自己将把大家在学期初和最近写的作文发还给大家，请大家参照进步评价量表来对自己的两篇作文进行评论。同时，老师对评价量表中的每一点进行讲解和评述。

◇ 把学生们的两篇作文和评价量表发下去，由他们进行评论；在大部分学生完成这一环节之后，老师借助投影仪评述上面显示的反思性问题

（见表5.3），之后把这些问题的纸质版发给大家，让大家写下自己的回答。

◇ 学生两两一组，彼此分享自己的回答，老师可挑选几名学生作为代表与全班分享他们的回答，尤其要集中于第一个问题，引导学生认识到自己经过一段时间的刻苦努力，在写作上取得了很大进步。

◇ 让学生从自己的两篇作文中选出一篇，然后按照评估表对其进行修改，使之更加完善。

◇ 留出充裕的时间让学生修改自己的文章，直至完成，然后请他们参照评价量表重新评估修改后的文章（如果课堂时间不够用，可将修改文章作为家庭作业，第二天的课程抽出20分钟来进行重新评估）。

评估
◇ 老师和学生都可以使用评价量表对自己的工作进行评估。

可能需要扩展或修改的方向
◇ 学生们可以阅读彼此的文章（包括初稿和修改后的版本），并根据进步评价量表向对方提出反馈意见。

教学技术：班级博客

学生们可以把自己写的文章输入到Word文档里（可以帮助纠正语法和书写的错误），转换成电子版本，然后复制粘贴到所在班级的博客中。在浏览老师提供的示范之后，同学们就可以阅读其他同学的文章，以及进行在线点评。

表5.2 进步评价量表

论文（一）				论文（二）			
《人们为什么见危不救》				《厨房里的诗》			
我的文章开篇就极具吸引力（引人注意的首句）。				我的文章开篇就极具吸引力（引人注意的首句）。			
1	2	3	4	1	2	3	4
我总结出了作者的主要观点（别人的观点）。				我总结出了作者的主要观点（别人的观点）。			
1	2	3	4	1	2	3	4
我陈述了我的中心思想，表明我是否同意作者的观点（我自己的观点）。				我陈述了我的中心思想，表明我是否同意作者的观点（我自己的观点）。			
1	2	3	4	1	2	3	4
我至少采用了自己生活中的一个例子来支持我的观点。				我至少采用了自己生活中的一个例子来支持我的观点。			
1	2	3	4	1	2	3	4
我至少引用了另一篇文章或者他人的评论来支持我的观点。				我至少引用了另一篇文章或者他人的评论来支持我的观点。			
1	2	3	4	1	2	3	4
我至少从这篇文章中引用了一句引语，并对其进行了解释。				我至少从这篇文章中引用了一句引语，并对其进行了解释。			
1	2	3	4	1	2	3	4
我的文章结构分成了几个段落。				我的文章结构分成了几个段落。			
1	2	3	4	1	2	3	4
文章最后，我下了一个结论，总结了我的主要观点，并给读者留下了思考的空间。				文章最后，我下了一个结论，总结了我的主要观点，并给读者留下了思考的空间。			
1	2	3	4	1	2	3	4

表5.3 进步评价量表之反思性问题

1．比较一下你给自己的两篇文章所打的分数，总体而言，哪一篇文章写得比较好呢？为什么？你是如何让这一篇文章更好的？

2．看一下你给自己写得最好的那篇文章打的分数，思考一下其中哪些方面处理得很好？

3．看一下你给自己写得最好的那篇文章打的分数，思考一下在下个学期，你要怎么做才能使自己的文章写得更好，请列举出3种方法。

4．在下个学期，你需要老师帮助你改进写作上的哪些方面呢？

问题6

如何让这一年
有一个良好的开端 ❓

又是新的一年，又是一批新的学生！我也要开始实施一
套新的体系了，想想有没有更好的方法来帮助我们开始新的一
学年呢？正如老话所说，你只有一次机会来留下一个好的印象。
这句话所包含的智慧凸显了我们运用策略认真计划好开学第一
周的重要性。

老师们也许可以从旧金山49人足球队的传奇教练比尔·沃尔什身上学
到一些有用的招数和策略。比尔·沃尔什开创了被现在的教练普遍采用的
训练方式，通过周密的考虑和细致的安排，将前15次的练习扩展为25次，
而在每一次的练习中，他的进攻都贯穿其中。通过这种方法，他所带领的
球队在一周的时间内，不断练习，表现逐渐完善。他们的成功经常创造出
积极的势头，而这种势头能够在整场比赛中得以持续。同样，老师们也可
以将相同的道理成功地运用到第一周的教学中去。

本章为第一周单元计划制定了一个具体的时间表，覆盖了一学年中前

5天的教学计划。更重要的是，本章讨论了这几天的课程中应该包含的重要特色，这些特色也可以被应用到一学年里的日常教学中。与其遵循教学计划中的具体时间表，不如认真思考一下如何将这些重要特色融入教学方式中，从而使得这种教学方式既让老师得心应手，又让学生容易接受。此外，本章节还提供了要发给学生们的讲义样本。

准备策略

接下来，我们就要讨论一下老师们想要融合到日常课堂教学中（尤其是第一周的教学中）的那些重要特征。有的老师可能会问：如果我们丢掉了其中的某一个特征，是不是就会出现问题？事实上，并非如此。和这本书一样，这些标准并不是一本路线图，而是一个指南针，我们要把它们看作是一种计划工具。在本章节中所列出的第一周单元计划的具体时间表中，你会看到这些标准多次被融入了这5天的教学当中。

建立课堂关系

作为老师，你可曾主动地创造并利用机遇来和你的学生们建立起一种紧密的关系，并不断巩固这种关系？你又可曾创造机会帮助学生们彼此之间建立并巩固密切的关系？建立课堂关系的重要性在问题3中已经讨论过了。

制定并执行高期望

你正在为你的学生们制定高期望吗？你又在帮助他们为之努力吗？你

是否根据学生们的实际情况对其设定了切实可行的目标和期望？为了让他们能够理解你对他们的期望并帮助他们获得实现这些期望的工具，你又是否为他们提供了必要的辅助呢？一些学生进入你的班级之前，可能已经被贴了很多年的"在课堂上沉默、不爱发言"的标签，还有的学生可能很会投机取巧，对待学习任务勉强对付、过得去即可……这样的学生要想适应老师对他们提出的更高要求，可能需要多花一些时间才行，而其中一些学生可能还需要额外的支持和帮助才能达到这些更高的期望。

调动学生积极性

你的课程能让学生们积极参与其中吗？能够锻炼和培养学生们的高阶思维能力吗？从他们自身利益的角度来看，他们对于为什么要学习老师所教的东西是否清楚明了呢？问题1是关于学生动力的，问题8是关于如何让课程更加成功的，大家可以从中发现关于这些问题更多更具体的观点。

采用形成性评估

形成性评估是目前正在教育领域开展和流行的一种实践活动，即对学生日常学习全过程进行持续观察、记录、反思而做出的发展性评估，它呈动态化，能够帮助老师和学生对双方的教与学情况进行评估和反思，还可以帮助他们获悉要想成为一名更加有效的老师和学习者，自己需要做出什么样的改变。这些在其他章节中谈及到的实践练习中也体现出来了，比如向学生提供反馈（见问题5），教学生学习如何总结和概括（见问题9）以及教师观察（见问题8）。这种评估方式不同于终结性评估，终结性评估形式体现为期中考试、期末考试以及地区统考，而这些考试的设计，至少从理论上来说，主要是为了更加精确地判断每位学生学会了什么或者没有学会什么，老师一般都会根据这些考试结果，给学生们一个正式的评分或排名。

一般而言，形成性评估对于老师们更加有用。罗伯特·马扎诺曾说过，形成性评估"很可能是一名老师的'军械库'中最强大的武器之一"。

和学生们的父母保持联系

大量研究已经表明，和学生家长保持良好的关系对于提高学生们的成绩很有帮助。老师们可以通过几种方式与学生家长之间建立和维持这种联系，包括给家长打电话，向他们介绍孩子在学校的积极表现（这一点在上文中已经介绍过了），或者给学生布置家庭作业，要求学生和他们的家长互动完成。

教学设计

课程设计：第一周单元设计

教学目标

通过本课的学习，学生们将会：

◇ 了解课堂规则、流程和期望。

◇ 更加了解自己的老师和同学。

◇ 运用阅读策略，阅读自己选择的一本书。

◇ 了解关于自我控制和大脑的相关研究。

时间长度

共5次课，每次连续两个课时（每次长达90分钟）。老师们可以根据需要将其调整为单一课时制。

🍃 汉语语言艺术共同核心标准

【阅读】

◇ 确定文章的中心思想或主题，并对其发展脉络进行分析，然后总结出支持论点的关键论据和细节。

【写作】

◇ 所写的文章要清晰连贯，文中的发展脉络、组织结构以及风格都要符合作文的任务要求和写作目标，同时还要有明确的读者意识。

【听&说】

◇ 与不同的伙伴展开一系列的谈话和合作，以他人的观点作为依托，然后再清晰而有力地表明自己的想法。

◇ 使学生们的演讲能够适应各种语境和交际任务，在指定的或者适当的场合，要能够恰当熟练地使用标准的汉语。

【语言】

◇ 在写作和对话的过程中，要能够熟练掌握标准的汉语语法规则，并能正确使用。

◇ 在写作过程中，要能够熟练掌握标准的汉字书写、标点符号以及汉语词汇等方面的规则。

🎏 教学材料

◇ 投影仪、互联网。

◇ 为每位学生准备一份学生问卷（见表3.2）、自我介绍海报（见表6.1）以及回顾表（见表6.2）。

◇ 海报纸和彩色笔。

◇ 提前做好一份座位图，要确保学生们不同的座位区之间民族和性别的多样性。

◇ 为每位学生都准备一份活页夹或者文件夹。

◇ 为每位学生准备一份由老师制作的图书传递单。

◇ 从教室或学校的图书馆借来100本书。

◇ 老师给学生写一封介绍自己的信。

◇ 需要"大脑就如同肌肉一般"和"自我控制"这两课的材料。

◇ 要为学生们准备两篇篇幅较短的文章，用以评估他们的阅读流利程度。

流程

第一天

◇ 老师在教室门口欢迎每一位学生，提醒大家根据投影仪上显示的座位图找到各自的座位并立即入座，填写学生问卷（见表3.2）。

◇ 上课铃响后，请学生们暂时停止填写问卷，集中注意力听老师讲话。老师首先对大家来到这个班级表示欢迎，希望大家利用课余时间多多阅读感兴趣的书籍。然后，利用投影仪向学生们说明几条关键性规则，比如：

⊙ 当我说"请大家注意一下"的时候，意思就是我需要每一位同学都要停下正在做的事情，并看着我；我喜欢组织大家参与许多小组活动，大家越能集中注意力，我们所能开展的小组活动就越多。

⊙ 要学会尊重——尊重彼此、尊重老师、尊重老师及其他同学的一切。

⊙ 我们会在上课铃声响起之前的3分钟就开始上课，请大家准时到达教室。能成为你们的老师，我很高兴，希望能与大家一起进步。请大家注意，你们走进教室之后，应该立即开始入座，准备上课。

⊙ 吃东西会让人分心，所以我要求大家平时不要在教室内吃零食，但是，你可以带一个水瓶来班里，随时喝水。

◇ 然后，让学生们快速地向同桌介绍一下自己——说说姓名、去年所在学校、喜欢的娱乐活动、家庭住址、是否有兄弟姐妹（老师可以把这些问题展示在投影仪上），时间为3分钟。

◇ 由老师快速地对一份篇幅为一页的教学大纲进行评述，学生们要把这份大纲带回家中让父母签字。

◇ 之后，老师对自己的课堂管理体系进行综述，介绍一下在问题4（关于失控的课堂）中提到过的计分体系，强调只要学生们能够像他所期望的那样表现出足够的责任感，他会尽快在几周之内就停止使用这一计分体系。

◇ 接下来，让学生们继续完成他们的问卷，并制作一张简单的名牌，在新学期前几天将其放在自己的桌上，通过这种方式来帮助老师记住大家的名字。请大家在活页夹中的一张纸上写下自己的姓名，在这一学期中，学生们要用这个活页夹来保存自己所有的学习用纸，而这个活页夹可以重复利用。在以上过程中，老师要在学生中间来回走动，并和大家就他们在问卷上所写内容进行简短的对话和交流。

◇ 15分钟之后，给学生分发源自于珍妮特·艾伦的图书传递单，老师可以制作更加简单的版本：其中一个纵列用来写书名，第二列用来写作者姓名，第三列用来写学生们对每本书的排名——排名1意味着他们对这本书一点都不感兴趣，2意味着他们对这本书有一点兴趣，3意味着他们很感兴趣。向大家说明老师已经为班级挑选出了100本流行著作，每位学生分发一些，请大家浏览一分钟左右的时间，并对每本书进行记录和排名，再把自己拿到的书传给另一位同学。当每个人浏览完了所有的图书之后，由学生们自己决定要先借阅其中的哪一本书。在分发这些书之前，老师应该提示大家快速浏览的几个要点，比如，书的封面、封底以及翻阅前几页。在图书传递过程中，下课铃声可能会打断这一活动，大家可以暂时休息，而下节课开始的前20分钟，继续之前的图书传递活动，此时，学生们要选好自己想借阅的图书。与此同时，老师要在班中来回走动，以便观察每位学生对图书的排名情况，并和大家进行简短对话。

◇ 学生们将他们自己填写的图书传递单保存在自己的活页夹中，以供将来参考。

◇ 老师向学生们展示并朗读事先写给全班同学的信，并要求同学们写一封类似的回信给老师，可以留作家庭作业，也可以在课上完成（学生的回信会提供更多的信息，可以作为对学生写作技能进行形成性评估的工具）。写信时，学生们可以参考他们在问卷中所写的内容。

◇ 接下来，老师向大家示范展示如何利用表6.1进行自我介绍，说明大家要按照这种方式进行相同的展示，由老师制定一个时间表，从开学第三天开始，每天安排6名同学进行展示。

◇ 课堂剩余时间，学生们可以制作自我介绍海报，而老师则在教室内来回走动，随时和学生们进行对话。

◇ 这一周的每一天，老师可以安排一些时间给三四名学生的家长打电话，对他们的孩子来到班级表示欢迎，希望家长根据孩子以往的就学经历给予自己一些建议，以便短时间内对孩子有一个比较全面的了解。

第二天

◇ 学生们应该在上课铃声响起之前的3分钟进入教室，并阅读他们前一天借阅的那本书。

◇ 15分钟之后，老师要大家集中注意力看着他，并把父母签好字的教学大纲交还给他，然后布置一项家庭作业——完成回顾调查表（见表6.2），给大家3天的时间。老师须评述一下表中所列问题，这些问题需要学生来向他们父母提问（该表根据罗伯特·哈姆佩尔的观点设计而成），并阐释这个表格的重要性——学生和老师都会从父母的经历中学到很多东西。在这3天中，学生们要互相分享他们从自己父母的经历中学到的东西，这也是帮助老师了解学生家庭背景的一种极好的方式。

◇ 向大家说明在他们完成自我介绍海报之后，老师会分别请同学来到讲台上，与自己交流，并向大家指明通过了解大家的阅读水平有助于他的教学工作。当老师在听学生们朗读海报内容时，可以帮助他们不断完善自己的海报内容。

◇ 然后，给大家30分钟的时间去完成自己的海报。

◇ 在学生们致力于完成自己的海报的过程中，每个人轮流来到讲台前和老师交流3分钟。老师可以就大家在问卷中所写内容问他们一个私人问题，然后让他们朗读他事先准备的两篇短文，时间为一分钟，以此来评估其阅读流利程度（这种阅读评估过程改编自卵石溪实验室的课程）。接下来的几天，老师可以利用每次课程开始之前的默读时间继续对学生们进行这种评估，直到评估完所有学生为止。

◇ 然后，向学生提出期许，希望大家在他们已有的基础上更进一步，成为更好的读者。之后，请大家拿出一张纸，并连续把这张纸对折两次，再把折叠后的纸打开，这样每张纸就会被分成4个同样大小的部分。老师把纸上的第一个部分命名为"人们为什么要读书？"，并在投影仪上显示出来。给大家一两分钟的时间，让他们写下自己所能想出来的所有理由，并与同桌互相分享自己的答案，点名叫一些同学贡献出他们写出的理由，老师则把这些回答填写在对应的区域，通过投影仪显示出来，让大家抄写在自己的纸上。

接下来，老师让学生们把折叠纸的下一个部分命名为"你为什么读书？"，并让大家写出自己的理由，他们可以从第一部分选取几条合适的内容，也可以写出一些新原因。一分钟之后，请大家和自己的同桌分享所写内容。

在第三个区域，老师会命名为"一名优秀的读者会怎样做？"，由学生们写出答案，一两分钟之后，他们就可以和同桌互相分享自己的内容，然后，请一些学生和全班同学一起分享，老师则把学生们回答的建议写在设置的区域里，并告诉大家他会把这部分内容制作成海报，贴在教室的墙上，海报上还会添加阅读策略，请大家把这部分内容抄写在自己的表单上。

在最后一个区域中，老师将其命名为"你是一名优秀的读者吗？为什么？对于你来说，关于读书，哪些方面比较容易，哪些方面又比较困难呢？"，然后，让学生们去完成这一部分，而这部分内容只有老师能看到，不用跟其他同学分享。

之后，让学生把自己填写的这张单子背过来，开始思考一下自己所擅长的东西，比如打篮球，烹饪，玩电子游戏等等，并请大家写出自己是如何精通这一项或几项活动的。一两分钟之后，让学生们和自己的同桌分享答案，继而再和全班同学分享。在这一过程中，大多数同学可能会说是"熟能生巧、多多练习是关键"，这时，老师就可以抓住时机强调读书和写作也是如此，如果学生们现在不精通它们，没有关系，只要多加练习，他们一定会越来越擅长的。

最后，把全班的答案纸收集起来，学生们的回答会给老师提供非常有用的信息，帮助老师更加深入了解自己的新学生。

◇ 再次提醒学生们关于海报展示的安排，并评述一下演讲展示和倾听的基本礼仪。

◇ 下课后，老师按照计划给几位父母打电话。

第三天

◇ 在学生们默读期间，老师可以继续进行阅读流利性评估。

◇ 带领学生们回顾前一天所学过的关于"如何成为一名优秀读者"的相关内容，并让每位同学取出一张纸，在上面写出自己想让哪一位同学进行发言和展示，在这名学生发言完毕之后，大家要至少向他/她提出一个问题，提问学生限制为两到三名。

◇ 接下来，向大家示范如何进行阅读，示范完毕之后，可以给学生分发两篇文章，让他们去完成，作为形成性评估的一部分。

◇ 开始进行"大脑就如同肌肉一般"的课程（见问题1），中途要停下来让3名同学进行发言展示以及其他学生提问。

◇ 下课之后，继续联系几位家长。

第四天

◇ 在学生们默读期间，老师继续进行阅读流利性评估。

◇ 3名同学进行发言。

◇ 完成"大脑就如同肌肉一般"的课程计划。

◇ 另外3名同学进行发言。

◇ 下课之后，继续给家长打电话。

第五天

◇ 在学生们默读期间，老师继续进行阅读流利性评估。

◇ 3名同学进行发言。

◇ 老师让学生们进行一个简短的自我反思，在黑板上写出以下问题：

⊙对于你的学校和你的班级，你最喜欢什么？

⊙对于你的学校和你的班级，你有什么担心和忧虑吗？

让学生们写出这些问题的答案，与自己的同桌互相分享后，由老师点名几位同学和全班分享，之后，老师把大家的答案纸收上来。

◇ 然后，让学生们把完成后的回顾调查表（见表6.2）拿出来复习一下，从中挑选出一条简短而又有益的建议。然后，让大家在班里寻找其他5名同学，请他们和自己分享一下所选择的建议，并在自己的调查表背面写下所学到的5条建议。

◇ 完成之后，学生们要再次从各自的调查表中选出一条自己最喜欢的建议，并把它写在一张海报纸上，同时附上图画对其进行说明。在海报的底部，他们还需要用一句话来解释选择这一条建议的原因。然后，老师把这些海报收集起来，贴在教室的墙壁上。

◇ 接下来，实施问题3中关于"棉花糖"的课程计划。

◇ 3名同学进行发言。

◇ 下课之后，老师与几位家长通电话。

🍎 评估

◇ 老师可以采用之前课程计划中的评估建议，也可以创建一个适合其教室情况的更加详细的评价量表。

表6.1 自我介绍的海报

1. 请在海报上写出你的姓名：

我的姓名是＿＿＿＿＿＿＿＿＿＿＿＿＿＿＿＿＿

2. 这个东西是＿＿＿＿＿＿＿＿＿＿＿＿＿＿＿

它对我很重要，因为＿＿＿＿＿＿＿＿＿＿（请至少描述3件物品）

3. 请你用图片和句子展示"我是谁"的内容，分类如下：

◆ 我的挚爱（我爱＿＿＿＿＿因为＿＿＿＿＿＿＿＿＿＿＿）

◆ 我的担忧（我担心＿＿＿＿＿因为＿＿＿＿＿＿＿＿＿＿）

◆ 我的悲伤（当＿＿＿＿＿＿＿＿＿＿＿＿＿时，我感到悲伤，

因为＿＿＿＿＿＿＿＿＿＿＿）

◆ 我的希望和梦想（我希望＿＿＿＿＿＿＿＿＿＿＿＿＿因为＿＿＿＿＿

＿＿＿＿＿＿＿＿＿＿）

◆ 我的成功（我擅长＿＿＿＿＿＿＿＿＿＿＿＿＿因为＿＿＿＿＿＿＿＿

＿＿＿＿＿＿＿＿＿＿）

以上每一个分类中，你至少应该写出两个条目。

表6.2 回顾调查表

学生姓名＿＿＿＿＿＿＿＿＿＿＿＿＿＿＿＿＿＿＿＿＿＿＿＿＿＿＿＿＿＿＿

监护人（父亲/母亲，祖父/祖母，哥哥/姐姐）＿＿＿＿＿＿＿＿＿＿＿＿＿

1. 请写出你在上学期间学会的最重要的两三件事情，并解释它们为什么这么重要，你又是怎么学到的呢？

2. 如果你能够穿越时光、回到过去，你希望如何改变（包括从自己的行为和学校本身两方面）来让你的学生经历更加有意义？

3. 你认为自己从哪一位老师身上学到的最多？为什么？

4. 请给一名同学提一些建议，以便帮助他/她度过更有意义的学生生活。

签名：＿＿＿＿＿＿＿＿＿＿＿＿

问题7

在学期末，如何帮助
学生以及你自己集中注意力 ？

寒假快到了，天气越来越冷，我们都充满了对假期的渴望，可是我们还得在学校呆着，还得准备期末考试，学生们很容易就会分心，甚至连我自己都很难集中注意力，我不想就这样得过且过，那么我应该怎么做呢？

假期来临的前几个星期是很具有挑战性的，学生和老师难免都会心生倦怠，这是人之常情，可以理解，但是，为了学生的将来着想，在那一段时间，我们需要切实提高课堂活动的质量并增大强度。

诺贝尔奖获得者丹尼尔·卡尼曼讲述了在20世纪90年代开展的一项实验，在这项实验中，两组病人都接受了结肠镜检查，当检查程序完成之后，第一组病人也就自然地结束了检查，而第二组病人却多停留了一会儿，因为虽然实际检查程序已经完成，可这一组病人却以为检查程序还在继续，而他们的疼痛则大幅度地减轻甚至是消失了。在两组病人的描述中，这一检查程序带给第二组病人的疼痛要比第一组轻得多，而实际上，根据检查过程（不包括第二组在检查结束后多停留的那一段时间）的记录来看，这两组病人的疼痛水平是相似的。丹尼尔·卡尼曼用这个例子解释了我们同时具有经验自我和记忆自我。

记忆自我由两个因素决定：我们在一种情境之下所经历的高峰时刻和结束时刻的感觉，这也就是峰终定律，一段体验之后，这种记忆自我会仍然伴随我们，而我们会根据记忆自我来做出将来的决定。

根据这一理论，在一学期即将结束的最后几个星期，你所在班级的具体情况和表现会影响学生们对以下方面的感受和看法，包括：他们的学习、所在学校、你所教的科目、对将来的任课老师的看法（根据你的性别，会影响他们对将来的其他男老师或女老师的看法）、是否以及如何在班级中展示领导力，等等，还会进一步影响到他们将来在这些方面所做出的决策。

也就是说，这一段时间给你提供了可以帮助学生完美结束这一学期的一个机会，让他们做到善始善终，甚至包括一两次高峰时刻。

本章节以时间顺序就"老师如何和学生共同配合以最大程度利用这一段时间"进行了探讨，并提出了几个观点：第一，对于如何向学生介绍这种善始善终的观点提出了建议；第二，针对学生们在这段时间参与一些活动和项目提出了相关建议；第三，对于如何有效地利用一学期的最后几天提出了具体的建议。当然，本章节同时包括教学设计样本，以供参考。

此外，本章节还增设了一个部分，针对老师在学期末应该如何集中注意力、专心于教学提出了一些建议。

准备策略

向学生介绍"善始善终"的观点

在本章节的后面部分，我们安排了一个教学设计，为如何向学生们介绍这一观点提供了一个样本，其中包括让学生们回答以下问题：

◇ 你要怎么做才能在这一学期结束时仍能专注于学习呢？请列举出3种办法。

◇ 你要怎么做才能帮助你的同学在这一学期结束时仍能专注于学习呢？请列举出一种办法。

如果你已经完成问题1中的"目标设定"课程计划，你可以再次回过头去参考一下，本次课程设计的实施会因此更加有效。如果你还没有教授"目标设定"课程，也可以考虑将其中解释"目标设定至关重要的原因"部分融合到本课程设计当中来。

组织学生项目

🖊 由学生们自己制定单元计划

将学生分成不同的小组，让他们来确定一个自己非常感兴趣的话题，并根据这一话题，准备一个正式完整的单元教学计划，比如说某一课程的复习计划，然后由学生自己来授课，将他们自己制定的教学计划中的一部分教授给全班同学，在接近学期末的时候，这种方式可以为学生带来强大的动力。

本章中的教学设计包括让学生们运用在下文问题10中详细介绍的高

阶思维教学方法，包括归纳学习法、完形填空法以及有声思维法（即边想边说），同时提供了一种可以培养学生高阶思维能力的教学策略，即排序练习，它类似于拼词成句（这种方法将在问题13中深入讨论），但这种方法需要在较长的文章中才能使用，表7.1提供了一个排序活动的样本，即把文章剪成一条一条的纸条，让学生们按正确顺序将其进行排放，同时标注出那些引导他们给这些纸条如此排序的线索词。这一排序策略也可以延伸出不同的形式变体，比如，我们给学生们一系列的问题，并把这些问题对应的答案弄混，然后让学生们为所有问题挑选出正确答案，一一对应，并标注出线索词。

当然，这些教学策略应该已经多次被老师示范过，如果之前学生并没有接触归纳学习法、完形填空法、有声思维法或排序活动，那么现在也不是使用这些策略的合适时机，老师们应该采用已在班里多次展示过的典型教学方法。

实地考察旅行——真实的或者虚拟的

在学期末，如果能够组织学生们参加一次当地或者外地的实地考察旅行，会很好地激发大家的能量和积极情绪，如果将这些天的学习活动都围绕实地考察旅行展开，而在活动之后，再组织一次反思活动，那么这一周教学活动的参与价值会非常高。

尽管这种方式具有很大的好处，但是从物资储备和财务资金的角度来考虑的话，有时候，要想开展一次真实的实地考察旅行是很有难度和挑战性的。在这种情况下，我们可以借助互联网技术创建一次虚拟实地考察旅行，学生们可以利用相关应用程序在线参观许多地方，并对其进行描述，然后展示给全班同学。

表7.1 排序活动样本

1. 乔治在很年轻的时候就离开了这座庄园，参加了法国同印第安人之间的战争，担任了大英帝国一方的殖民军官。当他的哥哥去世之后，他离开了军队，回家继承了这座庄园和所有家业。

2. 乔治·华盛顿在美国乃至世界各地都家喻户晓，他被称为"美国国父"，他的头像被印在了美元纸币上，而且美国的首都华盛顿特区也是以他的名字命名的。

3. 乔治·华盛顿于1799年去世。

4. 乔治·华盛顿的一生

5. 当他11岁的时候，他的父亲就去世了，几年之后，他搬到了维农山庄园和自己同父异母的哥哥劳伦斯同住。

6. 1732年2月22日，乔治·华盛顿出生于弗吉尼亚。

7. 当美国决定向英格兰发起战争、争取独立时，因为他具备在英国军队中作战的经验，所以被任命为总司令，负责指挥所有的士兵。

8. 美国赢得独立之后，乔治·华盛顿成为了美国的总统，任期长达8年，之后，他拒绝继续担任总统，和自己的妻子玛莎退隐到了维农山。

正确的顺序是：4,2,6,5,1,7,8,3（正确答案需要在学生们完成排序之后才可以公布）。

🖊 其他的技术项目

在学年末时，学生们可以将网络技术融合到他们自己制定的单元设计中，也可以创建虚拟的实地考察旅行，还可以为真实的观众创建其他的网络在线项目，这些方式让其他人能够通过网络阅览上面的内容，并对其进行点评，而这一过程是让学生们与现代技术充分接触的最佳时机。

🖊 其他的合作学习项目

问题11中提供了关于合作学习的更多更详细的资源和观点，包括问题导向学习和基于项目的学习。如果由于一些原因，学生自己创建单元设计的方法并不是很成功的话，那么合作学习的其他一些活动则会是很好的选择。

在学校的最后几天

每一学期，在学校的最后两天绝对是完全不同于平时的，需要采取特殊的措施来应对，那么在这几天当中，我们应该怎么做呢？针对这一问题，本章专门在"奖励祝贺、给予肯定"和"激励与评价"这两个部分为大家提供了一些建议。

这段时间，学生们通常表现出倦怠、自由与散漫，甚至因为假期的到来而会显得兴奋不已，这时的每个人都过着倒计时的日子。如果我们将这些表现置之不理的话，实际上是在伤害学生，这种伤害造成的后果在城市的学校里更加严重与明显。对于我们的许多学生来说，学校应该为他们提供一种一致性和秩序性，而非混乱的生活。在学校的最后几天是我们对学生的表现进行嘉奖、帮助他们为即将到来的假期生活做好准备的最后机会，而且，这几个月是他们进入其他年级、其他学校或者其他城市的一个重要的过渡期，而这时候他们往往并不能得到很多来自家庭的支持和帮助。

下面就来谈一谈我们应该怎么做：

🖊 奖励祝贺、给予肯定

我们在前面也提到过，研究表明，当一个人并没有期待别人会认可他，却得到了大家的认可时，奖励机制就不会削减他的内在动力。即使是最冷漠的年轻人也会渴望收到奖励证书，让自己所取得的成绩得到他人的认可。

老师在给学生们颁发奖励的时候，也可以采取一些策略，比如事先认真地思考一下哪些学生会喜欢严肃认真的奖项，哪些学生则更倾向于充满幽默和风趣的奖项。

🖊 激励与评价

社区的组织者经常会讨论"刺激、激怒"和"激励、激发"两者之间

113

的区别：如果我只是故意刁难你，极力要求你去针对我（而非你自己）感兴趣的一个话题做一些功课，那么我就是在刺激你，甚至会激怒你，而如果我强力推动着你去就你自己感兴趣的一个话题做一些功课，那么我就是在激励你，进而激发你的潜能。

在课堂中，我们希望尽可能地去激励和激发学生，尤其是在每一个学期的最后那两天。

在这两天，我们可以通过几种方式来吸引学生们的兴趣，比如：双方互换一下角色，由学生们来给老师打分；让学生们聊一聊自己；就如何在下一学期获得好成绩给学生们提一些建议，帮助他们获得一个有利的起步，抢得先机。

学生们对老师的评价

学生们对老师的评价是一种宝贵的资源，能够帮助我们获得有用的反馈，无数的基于大学层面的研究证实了这一事实，一些基于中小学教师的相似研究也得出了相同的结论。更有甚者，波士顿学区在教师工会的合作之下已经将学生评价老师策略设为了一种地区性政策。

表7.2和表7.3中是两个不同种类的评价样本，当然，在评价过程中，学生的意见是匿名的，这一点非常重要，只有这样才可以确保学生们的反馈是坦率而真实的。

要确保学生们严肃认真地对待这种评价的一种方式就是你要向他们表明自己的态度，让他们知道你对这一活动是非常认真的。例如，我会告诉学生们我将来会把评价结果毫无保留地和学校的其他老师共同分享，还会在我的博客上公布出来。

社区的组织者还经常讨论"意见、观点"和"鉴定、评价"的区别，意见、观点就是你自己自然形成的一些想法，这是不需要检验的，而鉴定、评价则是与别人互动交流之后的结果，在这种互动的过程中，你可能会听到别人说一些他们看到而你自己没有看到的东西。确保学生们了解这种区别的一种方式就是让他们互相分享自己所写的内容（可以采用在之前的课程设计中介绍过的快速约会方式），而在完成分享和交流之后，如果他们愿意的话，也可以让他们修改他们的评价。

表7.2　ARW（角度随机游走）课堂评价表

请填写此表，不需要写姓名，在每一道题的后面选出一个选项作为回答即可。

1. 在这门课程中，我_____。

   a. 学到了一些东西

   b. 学到了很多东西

   c. 基本没学到什么东西

2. 在这门课程中，我_____全力以赴。

   a. 很多时候

   b. 一直

   c. 有一些时候

3. 我最喜欢的一个课程单元是_____。

   a. 新奥尔良　　　　　　　b. 自然灾害

   c. 拉美研究　　　　　　　d. 曼德拉

   e. 珠穆朗玛峰　　　　　　f. 牙买加

4. 我最不喜欢的一个课程单元是_____。

   a. 新奥尔良　　　　　　　b. 自然灾害

   c. 拉美研究　　　　　　　d. 曼德拉

   e. 珠穆朗玛峰　　　　　　f. 牙买加

5. 我认为费拉佐先生作为一名老师_____。

   a. 还可以　　　　　　　　b. 很好

   c. 很优秀　　　　　　　　d. 不好

6. 你觉得费拉佐先生关心你们的生活和学习状况吗？

   a. 关心　　　　　　　　　b. 不关心

7. 费拉佐先生有耐心吗？

    a. 有时候有耐心

    b. 很多时候都很有耐心

    c. 一直都很有耐心

8. 你喜欢这门课程吗？

    a. 喜欢   b. 不喜欢

9. 你愿意让费拉佐先生继续当你的老师吗？

    a. 愿意   b. 不愿意

10. 在这门课程中，你最喜欢的一个活动是什么？

    a. 阅读练习   b. 数据集

    c. 排序活动   d. 大声朗读

    e. 完形填空   f. 文章写作

    g. 小组合作

请回答下面两个问题：

11. 要想在这门课程中取得更好的成绩，你应该怎么做？

12. 费拉佐老师应该采取什么样的方式和措施让大家在这门课程中收获更多呢？

表7.3 基于知识理论的课堂评价表

1. 在这门课程中，你学到的最重要的两件或三件事情是什么？

2. 关于这门课程，你喜欢它什么地方呢？或者你希望这门课程以什么样的方式进行呢？

3. 你认为这门课程应该如何进一步改善呢？

4. 如果让你给费拉佐老师打分，你会给他打多少分呢？作为老师，你认为费拉佐先生在哪些方面做得很好呢？他又有哪些方面需要改善呢？

5. 这门课程中，你有没有学到一些能够在将来对你产生帮助的方法呢？如果有，具体是什么方法呢？

尽管写信并不同于课堂评价，但是通过让这一届的学生给下一年即将上同一门课程的学生写一封信，老师也可以从中得到非常有用的信息反馈。下面的表7.4就是这一任务的一个样本。

表7.4 写给初一年级新生的一封信

请你给明年即将上这一门课程的初一年级新生写一封信，在信中，你需要描述一下他们将会从这门课程中学到些什么，并就如何获得成功以及如何度过充实而难忘的初一年级为他们提一些小建议。

让学生们聊一聊自己

托马斯·艾略特曾经写道："宣告结束就是着手开始！"，所以，老师可以帮助学生们做好迎接新学期的准备，比如，老师们可以让学生们拿自己做一个比喻，并写出来，如，我就像一个_____，因为_____。你可以鼓励学生将自己写的这个比喻交给即将面对的新老师，它将构成新老师对大家的第一印象，为学生与新老师之间尽早建立亲密的私人联系开辟道路，而这也是学生们用以强化积极的自我形象的另一种有效方法。

正如在其他活动中一样，老师仍需要为学生进行示范，演示一下具体操作方式，这一点很重要。除此之外，老师可以让学生和其他同学们分享彼此的学习成果，以此作为期末或年末活动。

在新一学期抢得先机

在低收入的社区中，暑假中的滑坡对出现成就差距负有80%的责任，如果在暑假期间不读书，那么这些学生的阅读水平会比他们同等水平的同伴落后3个月。

可以避免出现这种损失的一种方式就是明确告诉学生不读书会对他们的将来造成不良影响，并鼓励他们通过行动来确保这些消极后果不会发生。我经常鼓励学生们从班级图书室借阅图书（这些年来，这种方式令班级图书室丢失的图书非常少），或者去当地的图书馆借阅图书。

理想化地说，老师可以和学生们达成以下协议：只要学生们在暑假期间能够读书，他们就会得到额外的奖励，而确保学生们会真正读书的一种办法就是在下学期开始时，让学生们来找你，由你向他们就这本书提问。

保持充沛的精力

当社区组织者们感到精神懈怠、压力巨大的时候，他们往往会采取一些办法来缓解这种状况，以下两个观点对社区组织者所采取的方法进行了适当的修改：

◇ 减少工作时间：每到学期末的时候，将大量的时间和精力投入到教学方面往往会带来不好的结果，这时，削减每周过量的工作时间会让你在课堂中更加振奋，更有活力。

◇ 阅读一本具有激励性的书：找一本能够激发智力的关于教与学的书（或文章）可能会激励你去尝试一些新的东西，即使是在学期末的时候。

教学技术：观看一段激发智力的视频并创建自己的学习天地

通过互联网，我们可以搜寻多个网站，观看大量发人深省的视频，比如说从事最前沿的高端技术工作者为我们带来的演讲，以此来激励自己。

为其他老师提供一些有用的东西。你可以在博客上发一篇谈论经验的帖子，或者分享一份教学设计样本（或者别的东西），总之，强迫自己精心创作一些可以公布的东西可以让你的大脑保持敏锐。同时，可以通过这种网络虚拟关系，结识全国各地甚或是世界各地的老师们，与他们分享教学工作的点点滴滴，讨论问题，汲取动力。

教学设计

课程设计一：学会善始善终

🎓 教学目标

通过本课的学习，学生们将会：

◇ 了解到在学校最后6周的课程计划。

◇ 找到在这段时间内激励自己、帮助其他同学努力学习的方法。

✏️ 时间长度

假设关于"目标设定"课程在此之前已经上过，本课程计划的时间则是1课时，45分钟；如果"目标设定"课程还未上过，老师可以把其中的一些方面融入本次的课程设计当中，这样的话，本次课程计划就需要两个课时，共90分钟。

⚫ 汉语语言艺术共同核心标准

写作

◇ 所写的文章要清晰连贯，文中的发展脉络、组织结构以及风格都要符合作文的任务要求和写作目标，同时还要有明确的读者意识。

听&说

◇ 与不同的伙伴展开一系列的谈话和合作，以他人的观点作为依托，然后再清晰而有力地表明自己的想法。

◇ 使学生们的演讲能够适应各种语境和交际任务，在指定的或者适当的场合，要能够恰当熟练地使用标准汉语。

语言

◇ 在写作和对话的过程中，要能够熟练掌握标准的汉语语法规则，并能正确使用。

◇ 在写作过程中，要能够熟练掌握标准的汉字书写、标点符号以及汉语词汇等方面的规则。

教学材料

◇ 文本摄像机及投影仪或黑板。

◇ 老师制作的关于目标的海报模板。

◇ 学生自己制作海报所需要的纸和彩色笔。

◇ 如果想把之前的"目标设定"和"坚韧"这两课内容的一些要素融合到本课中的话，那么就需要准备以上两课的相关材料。

流程

第一天

◇ 老师在黑板上写下"坚韧"两个字，让学生们思考这个词对他们来说意味着什么并写出来（如果老师已经安排过问题5的课程，这个步骤可以当作复习），然后，让大家和同桌分享自己所写的答案，并让其中的一些同学和全班同学一起分享。一些研究已经证实了坚韧力或毅力是人们取得成功的关键素质，不管之前有没有讲过这一课程，老师都要对这一点重点强调。

◇ 接下来，对学生们在这学期取得的成绩表示祝贺，并说明剩下的几周时间是他们能够证明自己具有坚韧力的一个绝佳机会。同时，还要以一种热情澎湃的方式向大家说明要如何度过剩下的几周时间。比如，大家在剩余时间内要参与的项目和活动会令人兴奋且富有趣味。在本章中，我们建议让学生们自己制定单元计划、实地考察旅行——真实的或者虚拟的以及其他技术项目。同时，还有无数其他种类的合作学习活动可供我们选择。

◇ 为了帮助学生们培养坚韧力，老师可以考虑调整剩余几周时间的成绩权重，即最后几个星期所占的成绩权重要高于学期初的那几个星期，并将这一策略告诉大家。

◇ 将事先设计好的问题写到黑板上或通过投影仪展示出来，请大家回答：

⊙ 你要怎么做才能在这一学期结束时仍能专注于学习呢？请列举出3
种办法。

⊙ 你要怎么做才能帮助你的同学在这一学期结束时仍能专注于学习
呢？请列举出一种办法。

老师可以给他们提供一两条建议，比如，坚持每天晚上读书。

◇ 10分钟之后，让学生们和同桌分享自己所写的答案，并让一些学
生和全班共同分享。

◇ 接下来，让大家从自己的回答中选出最好的一项（当然，他们也
可以从别人那里借一条自己更喜欢的回答）来制作海报。其中，海报的一
半标题为"我要怎么做才能在这一学期结束时仍能专注于学习"，在这一
标题的下面写出他们的回答，并予以详解和说明，海报的另一半标题为"我
要怎么做才能帮助我的同学在这一学期结束时仍能专注于学习"，同样在
标题的下面写出他们的回答，并予以详解和说明。对此，老师可以展示一
份海报的模板。

◇ 给学生们20分钟的时间，让他们制作海报。

◇ 老师有两种选择：

⊙ 采取上文中已经介绍过的快速约会方式让学生们分成两排，面对
面地向彼此展示自己制作的海报，并读出海报内容。

⊙ 让学生们把自己制作的海报贴到墙上，并花几分钟的时间欣赏一
下这些海报，他们还可以针对自己最喜欢的想法做一些笔记，然
后在班里开一次简短的讨论会。

🍎 评估

◇ 本课程以及相关指示和说明非常简单，很容易就能评判学生是否
执行了其中的任务。如果老师认为有必要进行一个较为深入的评估，他
可以制定适合其教室情况的评价量表。

⚽ 可能需要扩展或修改的方向

◇ 老师可以让学生使用在问题1中介绍过的ABC模式（见表1.1）回答
上面的两个问题，写成段落。

教学技术：使用"目标设定"的应用程序

在互联网上，有许多免费的关于目标设定的应用程序，借此，用户可以明确他们的目标，并跟踪自己实现目标的进展状况。如果学生们定期去计算机房，花上几分钟的时间利用一下其中的一个相关网站，这将会是非常有用的激励工具。

课程设计二：学生自己制定单元设计

教学目标

通过本课的学习，学生们会：

◇ 选择一个话题，然后利用本学期在课堂中使用过的教学策略自己制定一个单元课程计划。

◇ 从他们制定的单元计划中选出一课，向全班讲授。

时间长度

10到15次课时。

汉语语言艺术共同核心标准

阅读

◇ 确定文章的中心思想或主题，并对其发展脉络进行分析，然后总结出支持论点的关键论据和细节。

写作

◇ 所写的文章要清晰连贯，文中的发展脉络、组织结构以及风格都要符合作文的任务要求和写作目标，同时还要有明确的读者意识。

听&说

◇ 与不同的伙伴展开一系列的谈话和合作，以他人的观点作为依托，然后再清晰而有力地表明自己的想法。

◇ 使学生们的演讲能够适应各种语境和交际任务，在指定的或者适当的场合，要能够恰当熟练地使用标准汉语。

语言

◇ 在写作和对话的过程中，要能够熟练掌握标准的汉语语法规则，并能正确使用。

◇ 在写作过程中，要能够熟练掌握标准的汉字书写、标点符号以及汉语词汇等方面的规则。

教学材料

◇ 为每位学生准备一份课程材料（参见表7.5至表7.9中的样本）。

◇ 投影仪或文本摄像机、画架纸。

◇ 学生们自己制作和准备的讲义，每人一份。

流程

第一天

◇ 老师让学生们思考一下他们最感兴趣的3件事，并写出来——这一倡议绝对会激发大家的灵感，然后，让大家和自己的同桌互相分享所写内容，并让一些同学和全班一起分享。

◇ 让学生以两人或三人为一个小组，选择一个他们非常感兴趣的话题，然后共同合作制定一个单元课程设计。向学生说明他们选择的话题必须要先经过老师的同意，他会灵活处理的。（本章中学生讲义的样本是以完成一个民族研究项目为核心的，很容易修改，老师可以根据实际主题进行调整。）

◇ 老师以表7.5作为例子，迅速地概括一下每一个单元设计应包含哪些部分，当然，老师可以修改其中的各个要素，并适当添加一些活动，比如学习型游戏或者PPT的展示。

◇ 老师应该给学生们一些时间，让他们成立自己的小组，并选定一个话题，而此时，老师要在学生中间走动，回答大家的问题，给予详细的指导。每一个小组都要在一张纸上写出小组成员的名字和他们各自选定的话题。

◇ 以上环节结束之后，老师可以和学生们再次确定一下进度表，包括要花几天的时间在计算机房里，花多长时间进行练习，需要在什么时间正式讲课等等。

第二、三、四、五天

◇ 在进行每天的活动之前，老师都应该重申相关的指示和说明，解答同学们的困惑。

◇ 同学们共同合作准备他们的材料，要把在课程中会用到的讲义单独交给老师一份，以方便老师去复印。

第六天

◇ 同学们准备他们的课程计划，并在小组内部练习讲课。

第七、八、九、十天

◇ 开始安排讲课。每天上两课比较合适，利用剩余时间，可以组织一次简单的讨论会，请学生们对授课小组提出建议与意见，老师可通过总结和补充来说出自己的评价。如果时间不够充裕，可以采取给全班同学讲课与在小组内部讲课相结合的形式。

🍎 **评估**

◇ 这一任务中的每一个要素都非常具体，我们应该很容易就能评判学生们是否完成了这些要素。如果老师认为有必要进行一个较为深入的评估，可以制定适合其教室情况的评价量表。

◇ 活动结束，老师可以通过让学生们回答以下这个问题得到反馈：关于教学、关于做一名老师，你学到了什么？

⚽ **可能需要扩展或修改的方向**

◇ 我们可以把学生的每一次讲课都录制下来，以便他们将来可以重新回顾本课所得，并进行自我批判。

表7.5　民族研究项目

1. 你们需要3人一组，合作完成一份迷你单元课程设计，课程的话题可以选择文学、历史或者其他学科，比如，以下这几个族群所取得的成就：

◆ 苗族

◆ 瑶族

◆ 非裔美国人

◆ 拉丁美洲人

◆ 太平洋岛民

2. 每一个迷你单元都必须要包含：

◆ 一个文章阅读的练习，含有字、词、句和段落的联系。

◆ 一个排序练习，至少由8个小部分组成。

◆ 一个数据集，其中至少要包含3个类别和15个例子。

3. 你可以从准备的单元要素中选择一个，讲给全班同学。

4. 所有的课程都必须在本周五之前完成。

5. 从现在开始到周五的这段时间，我们将要在计算机房花费4个课时的时间。

6. 你们最后完成的项目需要包含以下内容，请按照顺序排放：

◆ 一张封面，上面写上你们的姓名和你们所选择的族群。

◆ 文章阅读材料和答案纸。

◆ 排序题和答案纸。

◆ 数据集和答案纸。

课程设计中要包括谁要讲什么以及谁要做什么，讲授过程中，你们小组中的所有成员必须都要发言。

表7.6　文章阅读说明

◆ 挑选一篇和你所选择的族群相关且有趣的文章，这篇文章应该不只包含一个段落，但是篇幅的长度也不要超过一页。

◆ 将原文章复制粘贴到Word文档中，并注明作者的姓名，这将会成为你的参考答案。

◆ 将原文章再次复制粘贴到另一个Word文档中，然后将这份文稿改编成字、词、句或段落的练习，比如说生僻字注音，词语释义，断句填空或段落大意归纳等等。

◆ 不要在每一篇文章的第一句话和最后一句话中设置问题，而同一句话中只能设置一个空格。

表7.7　排序练习说明

1.选择一篇和你所选族群相关的文章，要求文章内容按照时间顺序展开，比如一段故事、人物传记或者一段历史，要保证这篇文章的篇幅不超过一页半，而且可以很容易地就被分割成至少8个部分。

2.将原文章复制粘贴到Word文档中，并注明作者的姓名，这将会成为你的参考答案。

3.将原文章再次复制粘贴到另一个Word文档中，把这份文稿改编成一个排序练习的题目。

4.认真阅读这篇文章，将其分成8个部分，要确保每个部分都有线索词可以参考，并在你的答案纸上圈出这些线索词，然后对每一个部分进行编号。

5.重新复制和粘贴这8个部分，打乱它们的顺序。保证每两个部分之间要留出一定的间隔，方便同学们把这8个部分剪下来进行排序。

表7.8　数据集说明

1.根据你选的族群，决定3个相关的类别（历史、音乐、文学、体育运动、著名人士等等）。

2.每一个小组成员都应该聚焦于一个类别。

3.每一个小组成员都应该找到至少5个和自己聚焦的类别相关的不同段落（每个段落不超过5句话）。

4.小组所制作的数据集包含3个类别，要把所有的15个例子进行复制和粘贴，为的是将它们混合在一起，然后给每一个例子编号。

5.在这份数据集的顶部列出这3个类别的名称。

6.在另一个Word文档中，准备一份答案，在上面列出每一个类别以及属于每一个类别的例子编号。

表7.9 课程设计说明

1. 你可以从文章阅读、排序练习和数据集这3个项目中选择一项作为讲课的内容。如果你选择讲授排序练习或者数据集，还会获得额外加分。

2. 你要决定如何向大家介绍你的课程，如何来抓住学生们的注意力。

3. 思考一下你的学生们将需要什么工具。

4. 你是想让学生们独立完成这一任务，还是让他们和一名搭档共同完成，还是两种方式并用呢？

5. 你想让学生们具体做什么事情呢？你打算以怎样的方式告诉他们——投影仪、口头告知还是写在黑板上？

6. 你打算给学生们多长时间完成这一任务呢？

7. 在学生们完成这一任务的过程中，你打算如何来给他们提供帮助和支持呢？

8. 你想让学生们怎样分享自己的回答呢，是与小组成员分享还是与全班分享？

9. 你想让学生们回答什么问题呢？你又怎么让他们做出回应呢，你要逐个点名吗？

10. 你要如何结束这次课程呢？

课堂教学

Classroom Instruction

问题8

如何有效地
使授课成功率最大化 ❓

我对于教学的把握并不是很稳定，教学质量时好时坏，往往相差很大，有时就像击出了本垒打一样大获成功，有时却非常失败。对此，我总是感到很迷茫，不知道到底是什么左右了我的教学质量。

显然，如果想要最大程度地提升一节课的成功率，老师们有很多事情可做，本章节将依据有关研究和个人经历介绍几点关键要素，但我们要注意的是，这一章内容并不是专门为老师设计的通用一览表，其目的并不是要保证老师们将本章中提到的每一个特点都融合到他们所教的每一堂课中。因为实际上，有些时候，一些教学并不包含本章所提出的任何要素，但同样能够获得成功，而一些教学也许囊括了这些要素中的大多数，但仍然会失败。因此，问题的关键并不在于每一次授课中都时时囊括所有的这些要素，而在于让这些要素作为向导，以帮助老师们定期地反思这样一个问题：在我的授课中，是否大多数时间都囊括了其中的某些要素呢？

如果对于这个问题你给出了肯定回答，那么根据本书中所提到的研究来判断，你的授课很可能一贯都很成功——在这样的课堂上，不仅是你在教你所想，学生也学有所成。

当然，除本章提到的几点外，本书其他章节的观点也同样重要，特别是有关学生动机和建立联系的观点，但如果没有本章提出的要素，这些观点就好像是离开了乐曲的歌词。

下文讨论的11个要素没有先后顺序之分，导入环节和反思环节的要素甚至可以贯穿任何一节课，例如，授课方式要新颖，为学生寻找机会激活背景知识以及将所学知识运用到其他领域……这些要素没有必要也不应该仅限于一堂课的导入部分，而反思、复习、总结部分的活动也是如此，这些环节可以出现在课堂的不同阶段，而不只是用于课堂的结尾。

准备策略

策略性教学

一堂课的策略性教学包括好几个方面，我们将一一讲解与分析。

新意

我们的大脑会对新事物表现出兴奋，这是我们祖先留下的生存遗产，他们对其所处环境的变化具有敏锐的意识。通过不同的方式来展示信息、话题以及课程内容，才更有可能抓住学生的注意力。

使课堂富含新意并不意味着老师要穿上戏服演戏，做到这一点可以像下面的例子这样简单：

◇ 在黑板上写下一个令学生意想不到的词语，要求学生写出该词语的释义（就像在课堂上要求学生写出他们对"自我控制"这个词语的理解一样）。要求学生回答与自身经历相关的启发性问题，如同在"坚韧 & 成长心态"课程中，要求学生写出一次失败或是犯错的经历一样。

◇ 下节课开始之前的两三天，在墙上张贴一组未经注释的引人入胜的图片，或是一张没有释义的彩色词语表，这些词语要与下次课程的内容有关。

◇ 向学生展示一到两分钟的精彩视频，例如在卵石溪实验室的课程中，在告知学生今天的学习内容是纳尔逊·曼德拉之前，先放一则讲述成千上万的民众迎接曼德拉出狱并跟随他的短片，进而向学生提问："发生什么样的事件会使得举国上下都停止了手头的工作？"

✐ 联系

朱迪·威利斯曾是一名神经学家，后来转而从事教育和写作工作，她提出学生应该能够回答出"我们为什么而学习"这一问题。当然，对于这个问题，每个人都会联系自身的经历和感受，给出不同的答案，这一点也很重要。实际上，一些研究表明，学生们是否认可他们所学知识会在生活中派上用场这一点决定了他们能否积极地回应课堂。

尽管如何将课堂内容融入实际生活中去取决于我们的授课内容，但在方法上我们仍然可以参考一下下面的几个例子：

◇ 提示学生如何将课程学习和他们的目标联系在一起（参见关于动机的一章）。

◇ 参照"现在的学习是为了使未来受益"的教学设计（如果已经学习过的话），并在墙上张贴学生们制作的相关海报。

◇ 提供其他详尽明晰的建议，指导学生将今天学到的知识运用到其他学科和生活中的方方面面。通常情况下，对学生来说独立完成上述过程颇有难度，老师可以布置作业帮助学生完成这样的联系（见表8.1）。

◇ 要求学生做一个K–W–L表，即：我知道什么，我想知道什么以及我学会了什么，并说明为什么当我们把新旧知识结合起来的时候，学习效果是最好的。

表8.1　建立联系作业案例

姓名：＿＿＿＿＿＿＿＿＿＿＿＿＿＿＿＿＿＿＿＿＿＿＿

时间：＿＿＿＿＿＿＿＿＿＿＿＿＿＿＿＿＿＿＿＿＿＿＿

作业条
语文 第九课

你的家庭作业就是将联系的阅读技巧运用到你今天所学的其他课程中。

从课程中选出一篇文章，将这篇文章与其他事物联系起来。怎样将这篇文章与另一篇文章联系起来呢？又如何将这篇文章分别与电视、世界、你的生活抑或是其他事物联系起来呢？

课程名称：＿＿＿＿＿＿＿＿＿＿＿＿＿＿＿＿＿＿＿＿＿＿

这篇课文讲述了什么？

这篇课文的联系对象是什么？

请具体说明如何将这二者联系在一起。

◆ 指出我们的大脑天生就具备搜寻模式，当我们对新信息进行梳理归类时，例如当我们使用类似动机一章中的数据集时，我们就利用了大脑的这种趋势。

◆ 提醒学生坚韧力、成长心态、将问题视为机遇的益处，虽然学生们在先前的教学课程中都已经学过了这些内容（我们暂且假定学生们已经掌握了这些内容），但这些课程的应用性并不明显，或是学生很难找出所学内容与其他事物的联系。借此机会，我们应该向学生们介绍一下2010年发表的一份研究结果，该研究表明，拥有耐心坚韧、守纪克己、举止得体、坚持不懈等品质的学习者一生中将比不具备这些品质的学习者多赚320,000美金。

◆ 让学生们参加一次测验（随堂测验或是标准化考试），旨在帮助他们建立课程和自身之间的联系。迫使学生认为考试是其学习新事物的唯一原因并非我们想要传达的信息，但我知道，大多数老师，包括我自己在内，通常都会用考试来驱使学生们学习。

📝 书面教学与口头教学

我们可以在黑板或投影仪上展示简短的教学内容，并对其进行口头讲解，这是策略性教学的另一个方面。这样的多重刺激能够提高记忆力，即使学生仍然不知道老师在讲什么，老师也可以通过黑板或是投影仪为学生指出，来加深学生们对内容的印象。

但是，如果学生们需要参与其中，老师最好先将后面的步骤隐藏起来，每次只展示一个步骤，这样我们可以避免给学生造成困惑，防止学生还未理解当前的步骤却又提前跳到了后面的步骤。

📝 示范

多年的教学经验告诉我们，在要求学生完成一项特定的作业之前，为学生做好示范是非常重要的。老师的示范作用很大，包括罗伯特·马扎诺在内的研究者都对教师示范进行了评述。不论授课内容是何种主题，老师们都要以恰当的方式为学生们提供恰当的例子，包括详细展示教师思维过程的范例，以此来确保学生能够成功地领悟老师所教的知识，当然，要想达到这一目标，我们还有很长的路要走。

但是，如果受条件所限，教室里没有投影仪，怎么办呢？我们可以让学生们从他们自己的作业中选取出一些例子交给老师，由老师当堂向全班展示，没有比这种方法更好的了。通过这样的示范，教师可以帮助其他学生明白应该怎样来操作，充分利用"同伴示范在年轻人之间会发挥更好的作用"这一事实，并对完成得好的作业给予学生意想不到的表扬和认可，这样的奖励方式不会削减学生的内在动力。

激活先验知识

通过将学习内容和先前所学的知识结合起来，我们可以帮助学生使其学习更具意义，上文中"新意"下面所列的几点以及"联系"下面所列的活动可以帮助解决这个问题，而且，提示学生如何把即将要学和现在正在学习的知识与以前学习的知识联系起来同样能够帮助学生建立这种联系。

转换

不论是在一堂课的导入阶段还是其他时间，要求学生用自己的话转述重要的概念是一种有效的练习。这种练习很简单，我们可以让学生向同桌重述老师刚才所讲内容，或者请同学用自己的话转述一篇全班同学都阅读过的文章或者某几个重点的词。

创造移动机会

研究表明，当我们移动时，血液在我们体内循环，大脑内的血流量也会增加15%。此外，几项关于青少年的研究表明，将移动融入到课堂中时，近75%的青少年学习效果更好。

在课堂上为学生创造身体移动的机会，哪怕只是一点点，都会使教学获得成功。学生可以移动到邻组同学身边进行短时间内的思考—对话—分享活动，或是组成小组在较长时间内完成一项任务。学生们可以和相同的搭档在相同的位置保持一周或两周的时间，以便于成员之间互相熟悉，更好地共同完成一项活动。

提供更多选择

　　威廉·葛拉瑟将权利与自由看作是人类的两种基本需求，给学生们提供选项供其选择是帮助他们体验这两种需求的一种途径。掌握如何学习新知识的决定权也能够提升学习者对新知识的记忆力，同时能够提高学生的利益层次。大多数的词典将power一词定义为"行动能力"，给予学生选择（行动）的自由能够提升他们的控制感，并能帮助他们增强自信，这些选择包括：

　　◇ 在一些情况中，让学生自主选择自己喜欢的搭档。

　　◇ 允许学生选择阅读技巧，比如形象化、联系、评估、提问、总结，并应用于课文中。

　　◇ 在小组讨论时，让学生们自己选择座位。

　　◇ 至少给学生提供两个写作题目，供其选择。

　　对于上述建议，这里有一点需要说明。希娜·艾扬格调查了跨文化选择的概念，发现当某些文化背景中的学生，特别是拥有亚洲文化背景的学生，在面临更多的选择机会时，他们的表现却更加糟糕。因此，虽然在多数的美国课堂内，给学生提供更多的选择有助于提高他们的学习成绩，但老师们也应该意识到这条规则中的例外而提供适当程度的选择机会（对于其他的教育规则或学校规则也是如此）。

减少教师讲解，增多合作学习

　　问题1中关于激励学生的研究发现教师讲解授课是所有可用的教学方法中比较低效的一种，而多项研究发现合作学习常常是更有利的选择。合作学习成功的原因之一在于它能够帮助学生实施葛拉瑟所提出的另一种人类基本需求——归属感和沟通的需求。

下文中问题11围绕合作学习这一主题讲述了如何将这种学习方法应用到实际课堂中去，研究表明人数为三四人的小组学习效果最佳，而规模更大的小组反而达不到这样好的效果。我个人建议首先采用双人小组活动，经过一段时间后，譬如第二个学期开始，再转为三人小组。

延长思考时间

在普通课堂中，从老师提问到学生给出答案的平均时间约为一秒钟，在这么短的时间内，学生倾向于给出简短的回答或是干脆不回答。多项研究表明，当思考时间提升至3到7秒时，学生回答问题的质量和次数也随之提高，而采用这种方法之后，老师所提的问题也会越来越有助于促进学生们的高阶思维能力。

处理此类思考时间的一种方法是采用思考—对话—分享的过程，老师可以这样告诉学生：

我要向大家提一个问题，但不会立即找人来回答，希望大家安静地思考一下。

然后，老师提出问题，并说：现在请你和同桌分享答案。

接着，指定一些同学与全班分享他们。也可以将另一步骤融入这个过程中，使之成为一项思考—写作—对话—分享活动。

在老师和同学都习惯了这样的问答方式后，上面的说明就没有必要了，因为学生们已经知道他们会有几秒钟的时间去准备答案，而且老师可能会任意点名一位同学（或两位，或三位）来回答问题。不要在提问前就说出学生们的名字，让学生认为包括自己在内的每个人都有可能被点到。实际上，应用了这一步骤，你就可以建立一种撒手政策或准撒手政策，在这样的策略之下，学生们会感觉自己时刻需要做好回答问题的准备。除此之外，我们还有一种鼓励学生回答问题并减少学生对提问的恐惧心理的方法，即在教室的墙上挨着贴上两块标识，一块上面写着被一条线划过的"我不会"，另一块上面写着"我不确定，但我认为……"。

结合这些元素，老师就能够创造出放松性警觉的课堂气氛，这样的课堂氛围被研究者勒纳特·凯恩和杰弗里·凯恩称为学习的最佳情绪气氛。

借用可视化教具

很多研究表明利用图片或其他图像手段可以提升记忆和学习效果。我们体内70%的感受器都在眼部，通过书面、口头及图像信息的输入，我们的大脑能够建立多重联系。

将图片与生词联系起来有助于增强对词汇的理解，因为图片会引起学生发问并对图片所代表的事物做出假设，由此可以提高他们的高阶思维能力。也可以要求学生将标准的阅读技巧，比如联想、预测等运用到图片中，或者，就像在"新意"中提到的那样，配合引人注目的图片也会是一种很有效的课程介绍。

相似的教学方式还有播放短片。需要注意的是，一些研究者建议每次播放的短片不要超过10分钟。老师要保证在播放短片之前就把课堂任务给学生们介绍清楚。

提供模式寻求机会

大脑是通过寻求和生成模式来观察世界的，这是我们了解世界以及创造意义的方式，而学生通常也是以这样的方式来创造意义的，有时候这就如关于社区组织的那句谚语所说的那样，"所有的社区都已经组建好了，但它们却是以一种错误的方式被组建而成的"。老师们所面临的一项挑战是将这些本能的冲动反应引导到"……解决问题与辩证思维的领域中。尽管我们选取了学生即将学习的很多内容，但是理想的过程应该是在呈现信息时允许大脑去提取模式，而不应该是试图强制大脑去接收信息"。

当我们为学生提供模式寻求的机会时，学生的脑细胞活跃程度就会得到提高，记忆力和学习效果也会得到提升。

问题10将高阶思维融入课堂教学的这部分内容中就技巧性地运用这一策略提供了详细且实用的建议,你还可以在问题1中关于概念获得和归纳学习方法的课程中,找到运用模式寻求方法的实例。

采用图像式思考辅助工具是另一种有助于促进模式寻求的普遍而有效的方式,这种方式受到了罗伯特·马扎诺等人的推荐,而K–W–L表(我知道什么,我想知道什么以及我学会了什么)大概是大家最熟知的图像式思考辅助工具的例子了。

将乐趣融入课堂

威廉·葛拉瑟将"乐趣"定义为人类的5个基本心理需求之一,当然,在状态最佳的情况下,通过一种充分参与的方式,学习一些与学习者自身相关的新知识会很有乐趣。

此外,老师可以将其他乐趣以一种更加显性的方式应用到课堂中。老师可以凭借自己的幽默感,让学生们开怀大笑,这将在学生们的学习过程中发挥积极的作用,例如,可以增加大脑供氧量,并有助于血液中用以提高注意力的内啡肽的释放。

游戏也可成为乐趣的来源和学习的动力,介绍如何将游戏融入课堂教学的问题12将具体讲述如何在课堂中设置游戏。游戏是复习的好工具,可以起到短暂休息或过渡的作用,例如,在黑板上写下与课程相关的拼词成句(将组成一句话的词汇打乱顺序排列),请学生选择两人一组或独立完成,理顺单词的顺序,为前7名最先完成的同学加分或是给予其他小奖励,代价虽小,这些同学却能在这种课堂气氛中获得极大的鼓励。

有人发现仅以乐趣为框架来架构课堂就会让学生提高学习成绩,开阔眼界及提升创造力,而将英语课程中的完形填空和排序活动作为测验方式就是这种有效架构的例子。

及时给出反馈

问题5这一章强调了要对学生的努力而不是智力给予反馈的重要性。此外，研究发现如果学生期待收到迅速反馈，比如，在学生完成作业或测验之后，老师给予简短的口头或书面的反馈，学生的学习质量会得到提高。原因在于人们更倾向于避免消极反馈所带来的失望。如果反馈在晚些时候进行，对失望情绪的担心就不会立即凸显以及那么强烈。

多数情况下，学生们都会期待老师给予他们即时反馈，这很难做到，尤其是在学生人数众多的班级。但在课堂上，只要老师不断地走动，就没有理由不进行即时的口头反馈。此外，在每个学生或是每个小组进行演示的时候，老师很容易就能给出简单的评语，并且在当天就可将完整的评语单交给各个小组。

使用形成性评估

我们在问题6中已经提过，形成性评估是目前正在开展和流行的一种实践活动，有助于老师和学生对双方的教与学情况进行评估和反思，并且还可以帮助他们获悉要想成为一名更加有效的老师和学习者，自己需要做出什么样的改变。形成性评估包括如下的策略：如果学生们理解了老师所讲的概念，教师就可以要求学生竖起大拇指；教师要在教室内走动，仔细观察学生；让学生向自己的一名搭档解释某一个观点；完成问题6中所描述的阅读流利性的评估；下面"反思、复习与总结"部分提出的观点以及问题7的内容也属于这一类。

人们常用终结性评估对比形成性评估，终结性评估就是指我们组织学生们参加的期中考试、期末考试、基准测试以及区域联考或统考，而这些考试的设计，至少从理论上来说，主要是为了更加精确地判断每位学生学会了什么或者没有学会什么，老师们一般都会根据这些考试结果，给学生们一个正式的评分或排名。

一般而言，形成性评估对于老师们更加有用，正如罗伯特·马扎诺曾说过的那样，形成性评估"很可能是一名老师的'军械库'中最强大的武器之一"。

重视反思、复习和总结

探讨如何利用课堂"剩余"时间的问题9，描述了关于反思、主动复习和总结的研究、推理以及方法。教师应该牢记的最重要的一点就是完成这3项活动是学生的主要任务，就像帕特里夏·伍尔夫所写的那样：

"请记住，当一个人在工作或者学习的时候，他就在种植神经树突。"

神经树突是大脑的组成部分，当我们学习新事物的时候，树突就会生长。老师们可以将这句话贴在桌子上！

问题9

如何最有效地利用
课堂"剩余"的最后几分钟？

还有5分钟下课时，我已完成了当天的教学计划，没有时间开始第二天的课程了，而我又不想学生在这5分钟里无所事事——课堂时间多么宝贵啊！如果让学生自由支配这5分钟，我担心以后他们会经常要求得到这样的自由时间，而校长很可能会利用这个时间来到教室审查我的教学。而且，5分钟的剩余时间足够让孩子们乱成一团，我该怎样做？

面对这种情况，老师有多种选择，包括复习、总结、联系、反思、趣味小测试、技术练习以及阅读书籍。

准备策略

复习

研究表明一个人要见过一个生词10次以上（且在不同的语篇中）才能真正学会这个词。关于真正掌握一则新信息之前所需要的复习次数，不同的研究得出的结论不同，但都证明了这需要很多次。复习能够将剩余的课堂时间有效地利用起来，它可以以游戏的形式进行，将学生分成几组回答老师口头提出的或是写在黑板上的问题，学生们也可以两人一组互相提问。为了增加一些趣味性，我们还可以采用长龙接尾的形式，每一个学生在回答上一个同学的问题之后向下一个同学提问，就像《危险边缘》中的形式一样。

总结

瑞克·沃姆利出版过一本内容非常精彩的书，名叫《50种教与学的技巧总结》。在书中他提供了丰富的调研资料，并引用了罗伯特·马扎诺的一项研究，这项研究论证了让学生对所学知识进行总结的重要性。

典型的总结包括让学生写下：

◇ 本堂课学会的3项内容是什么？

◇ 本堂课学到的最有趣的内容是什么？

◇ 将今天所学知识用明喻和暗喻各做一个比喻。

让学生将总结写在一张纸上，在老师请同学将自己的总结与全班同学分享之前，学生可将总结与自己的同桌分享。

联系

在2006年进行的一项4000篇研究论文汇集的详尽分析中，合作学习研究所发现超过3/4的成绩差异是由人际关系引起的，这家研究所认为，教师提高学生成绩的秘密武器也许就是多与学生建立积极的人际关系。老师可以利用课堂的剩余时间帮助学生们互相了解，加强同学之间的团结，比如，学生可以相互询问各自的喜好、目标、家庭情况等等。

反思

当哲学家汉娜·阿伦特关注"犹太大屠杀的构建者"阿道夫·艾希曼的审判时，她写道，本以为会看到一只怪物，然而，却吃惊地看到了一个呆板、蛮横、轻率的男人，因此，汉娜推测也许邪恶通常是缺乏深思的结果，不提升反思能力，我们不一定会成为像艾希曼一样的战犯，但我们会过着像公式一样呆板的生活。

正因如此，时常向学生强调反思的重要性才如此重要。对多数成年人来说，反思并不是一件易如反掌而能顺其自然的事，对孩子来说更是如此。老师可以通过引导学生写出如下问题的答案来帮助学生进行反思：

◇ 如果可以改变自身的某个方面，你最想改变的是什么，而从今天起你会怎样做？

◇ 描述你感到自己学到重要知识的时刻（实际操作中，我的学生里没有人提到任何在学校学到的东西）。

◇ 你擅长什么，你是怎样做到的？

老师可将这段时间作为了解学生生活的一个机会，学生提供的信息可以引发师生间的对话，加强师生关系，也有助于建构与学生自身联系更紧密的课堂（参见问题1）。老师可以用下面的问题询问学生："这周发生在你身上最好的事是什么？为什么你觉得这是件好事？"，"在其他课程中，你的表现如何？"

当然，提问可以与当天的课堂联系起来，由哈佛大学开展的一项研究多元智能的零点项目建议我们在引导学生反思时，可以使用下面的问题：

◇ 如何将今天学的知识和以前学的知识联系起来？

◇ 今天学习的内容是如何启发你的思维的？

◇ 你还有什么疑问？

所提的问题也可以和整体课程有关联，例如下列问题：

◇ 想想今年这门课程所学的什么知识可以应用到其他课程或是生活的某个方面。这一知识点是什么，如何应用？

◇ 这门课中你最喜欢的活动是什么？为什么？

◇ 这门课中你最不喜欢的活动是什么？为什么？

罗伯特·马扎诺将反思称作是用全面的方式积极处理信息时的最后一步，他建议提问学生的问题之一是询问学生在课堂的表现，并让其说出还有待改进的地方。

哈佛大学前教授塔尔本·萨哈尔引用了麻省理工学院的一项研究，该研究强调了马扎诺的观点：研究结果显示，即时记录自己的经历过后，在自省过程中，你才开始了真正的学习，这时的你在尝试着分辨这些经历中什么比较重要，什么应该保留，什么又应该舍弃？

而一项由内维尔·哈顿和大卫·史密斯所做的研究表明，与他人分享能够加强自我反思，所以在学生写下一两个问题的答案后，他们可以迅速地和自己的同桌互相讨论彼此的答案。

趣味小测试

老师们可以用由爱德华·德·波诺提出的横向思维游戏去描述解决问题的间接方式，这种游戏由一些使学生跳出固有思维模式的短小谜语组成。用谷歌搜索一下，你就会发现很多可以用到你课堂中的例子，下面我们来看一个很有名的例子：草地上有5块煤，一只胡萝卜和一条围巾，没人将它们放在草地上,但它们的存在有一个符合逻辑的原因,这个原因是什么?答案就是孩子们用这些东西堆了雪人,现在雪融化了。

拼词成句是另一种很有趣的活动,我们可以要求学生完成一两个拼词成句,并给最先完成正确排序的几个小组提供一些小小的奖励,这可以增加一定的趣味性,也能激发学生参与的积极性。

此外,我们还能利用互联网创建有利于学习活动的网站,比如一些学习型游戏,如果学生们能自己创建学习型游戏,效果更佳。

阅读书籍

很多学校让学生选择感兴趣的图书用以消遣,在这样一所学校里,学生时常可以花片刻时间阅读自己感兴趣的书籍,老师也可以找到一些很吸引人的或是与教学相关的杂志。

此外,老师们专心阅读杂志的样子能够吸引学生们的注意力。

牢记这7个选择留作备用策略,它们将让你的教学取得事半功倍的惊人效果。

良好收尾的重要性

这一章的标题多少算是一种误称,"剩余"之所以要加上引号是因为课堂中是不存在此物的。从多方面来说,一堂课的最后几分钟可能是所有课堂时间中最重要的部分。

正如前面提到的,在2010年发表的演讲中,诺贝尔奖获得者丹尼尔·卡尼曼对这一问题进行了详尽的阐述,他讲述了自己的一位朋友的故事,这位朋友欣赏了20分钟美妙的古典音乐,但这段美妙的音乐却在一段尖锐的噪音中结束了,朋友遗憾地说结尾的噪音毁了整首音乐。

问题7的回答恰当地描述了卡尼曼用朋友的故事向我们说明的这一点:我们每个人都具有经验自我和记忆自我。经验自我是指当医生触碰你身体的某一部位时，你是否感到疼痛，而记忆自我则是指你最近的感觉如何。

记忆自我很重要，因为我们未来做决定的时候会用到这些记忆以及融入了这些记忆的故事。

老师们当然希望学生们有经验自我，因为这会让他们在课堂上感到自己有很好的学习体验，老师们可以尽自己所能利用各种方法让学生们产生这样的感觉，但无论是否能够让学生在每节课都能有这样好的感觉——不是每节课都能像本垒打一样成功，总有几天学生（和老师）的状态不是很好——我们可以在课堂的最后几分钟尽力让学生的记忆自我感到自己经历了不错的一天。

问题10

如何帮助学生
提升高阶思维能力 ？

> 我想在课堂上融入高阶思维能力的培养，但我不了解高阶思维究竟是什么，又应该如何运用它。是的，我听说过布鲁姆教育目标分类法，事实上，我还把它贴在了教室的墙上，但我该如何应用呢？

首先，我们要花点时间来了解究竟什么是高阶思维能力，它通常指将知识和概念应用到处理问题和辩证思维中的能力。实际上，高阶思维能力是对新知识的阐释，通过提升高阶思维能力，学生才更可能将所学东西运用到多种情景中去。

与之相反，低阶思维能力是通过下面的规则来重现和回忆已经学过的知识。

用钥匙启动汽车时，我们要运用低阶思维；驾驶的时候，遇到汽车无法启动或是抛锚时，我们要运用高阶思维。

布鲁姆分类法的发展使得高阶思维与低阶思维的区别成为大家关注的

焦点，这个分类法由本杰明·布鲁姆所带领的团队在1956年提出，是根据思维复杂性的递增，将思维划分为6个等级。2001年，另一个团队对其做了一些修改，将这6个等级的名称全部动词化，形成了新的分类法。

本章应用的是新分类法（见表10.1）。分类法呈现出多种纸质和网络版本，而这一特殊的图表（见表10.1）是由新布鲁姆分类法的创始人之一大卫·克拉斯沃尔出版的一份图表修改而来的，实践证明，在所有版本中，这一份更易于被学生接受。

尽管最初布鲁姆认为学生必须系统地逐级"爬梯"，但最近的研究表明所有学生都能从高阶思维能力的发展中受益，实际上，一些以前成绩不好的学生甚至会比学习成绩好的同学获得更大的进步。当然，在这样的指导中，一部分学生需要更多的帮助和支持。

新布鲁姆分类法通过将各个等级之间的界线模糊化来认可这一事实，那就是许多相似的技巧都可以用于这6个等级之中。

这一分类法并没有表明要求回忆和理解的较低思维等级就不好，其分类系统知识提醒我们帮助学生学习到我们现在所理解的事实只是学习目的的一个方面，我们还必须帮助学生提升高阶思维的能力，这样他们才能有备无患，去学习和理解新的发现以及我们所处的不停变化的这个世界，才能改变我们此刻认为已经了解的东西。一些人可能还会感到困惑：在当今互联网时代，我们是否还要大力强调回顾知识的重要性呢？应该将多少精力投入到上面呢？

有一句关于社区组织的古谚语叫作这是指南针，不是地图，老师们最好也用同样的视角来看待这　分类法，这样，在给不同年级的学生讲课时就会有很大的灵活性。

这一章介绍了老师用来帮助学生提升高阶思维能力的即时对策和准备策略，还包括一项教学设计。

表10.1 新布鲁姆教学分类法

（描述目标的动词性短语按照程度由低到高排列）

1. 记忆——回忆事实

   ◆ 命名

   ◆ 回想

   ◆ 背诵

   ◆ 识别

2. 理解——对意思的领悟

   ◆ 解释

   ◆ 总结

   ◆ 释义

   ◆ 复述

3. 应用——需要时，使用具体的步骤

   ◆ 实施

   ◆ 实验

   ◆ 练习

   ◆ 使用

4. 分析——将内容分成若干部分，并分析各部分是如何联系的

   ◆ 标示

   ◆ 归类

   ◆ 对比

   ◆ 组织

   ◆ 联系

5. 评估——做出判断，并给出理由

   ◆ 决定

   ◆ 推荐

   ◆ 选择

◆ 辩护

6. 创造——将各部分重新组合成一个新的模式或者创作新的项目

◆ 创作

◆ 结合

◆ 建构

◆ 发起

◆ 创造

（改编自大卫·克拉斯沃尔的版本）

即时对策

帮助学生提高元认知技能

本书中所涵盖的多个主题——学生制定目标、观察大脑如何运作、鼓励成长心态、反思，都与元认知有关。像前几章提到的那样，元认知是我们对自己思维过程的观察，没有元认知我们会一次又一次地犯同一个错误，会错失看到模式提取或有效途径的机会，也就不能合理地发挥长处，弥补不足。元认知就是不断地提问自己几个问题：我们根据什么来了解自己的长处、兴趣和弱点？以前我们经历了什么、学到了什么？处理这种特定情况的最好方法是什么？例如，我知道在写文章之前我应该要先拟好一份提纲；阅读的时候在每段中都标注三四个词可以帮助我们记忆；我觉得生物课有难度，所以我应该留出更多的时间来读生物课本。

元认知对于布鲁姆教学分类法的最低一级——记忆也许没什么必要，因为其关注点在于回忆基本事实，无需多做解释，但是剩下的5个等级就要求学生去挖掘模式，建立联系，并对逐级递增的复杂性做出判断。要将这些做好就要求学生能够回答"为什么"这个问题，能够回答这个问题就大致说明学生们能够解释他们的思维过程了。

将元认知方法对学生们讲解清楚，并帮助他们了解元认知的重要性以及如何策略性地使用元认知技巧，目的都是希望最终学生们能够自动地使用元认知技巧，这也就意味着学生们会在无意识的情况下使用元认知技巧。

有两种方法可以用来立即实现元认知的教学，一种是提问学生有关高阶思维能力的问题，另一种是老师用自己的思维过程给学生做示范。

善用提问

前面几章回顾了老师以提问的方式提升元认知的多种可能，包括学习动机，树立目标，反思相关可能性。提问学生这样的问题——是什么让你决定以这样的方式作为这篇文章的开头呢？你是如何做到在课堂上控制自己的？你根据什么在空白处写下了这个词语？——能够提高他们反思自己思维过程的能力。

零点项目是哈佛大学教育研究学院发起的一项研究，旨在鼓励教师们保持由两个问题组成的一项简单的思维习惯："发生了什么事"以及"你看到了什么让你做出这样的判断"，下面这个例子说明了这种思维习惯的具体运转：

……老师向学生展示一张飓风的卫星图片，但没有说出图片内容，提问学生"图片中发生了什么？"一个学生说："是佛罗里达州发生的风暴。"老师进而问："你看到了什么让你做出这样的判断？"学生指出透过云层可见的佛罗里达州的轮廓。另一位学生说："是飓风。"老师说："你看到了什么让你认为这是飓风？"学生会提到云层结构和旋涡状云层面积，而另一位学生则补充道他看到了涡心。

思维习惯的隐含思想是它可以经常性地被跨学科使用，有利于提高学生的高阶思维能力。

教师示范思维过程

有声思维（即边想边说）可用来描述教师示范思维习惯的过程，这是卵石溪实验室为教师们提供关于教学技巧的一种训练，他们将此描述为致力于让不可见的变为可见，让无意识的变为有意识的。

下面是一个关于有声思维的例子，节选自路易斯·罗德里格斯的畅销书《奔跑》。在学生阅读节选时，老师可以插入评论。

大声朗读：节选自罗德里格斯的著作

我们从未停止过打破边界。【这让我想起自己跨过国界去墨西哥的那次经历。】格兰德河（墨西哥人称之为布拉沃河，认为后者比前者更具力量）只是横在我们面前的无数道障碍的第一道。

我们不停地跨越障碍，不停地突破限制，不停地躲避那些阻碍我们前进的边防军。有一句比喻丰富了我们的生命——当你跨过第一条河之后，其他河流就都不在话下了。例如，除了去市中心抢劫的墨西哥人外，多年来洛杉矶河就将墨西哥人阻隔在城东的荒地附近，学校里也有一些限制：不准说西班牙语，不准表现得像墨西哥人那样——因为你们不属于他们。【这一点让我想起我们国家历史上很多种族的人一度遭受歧视。是什么让人对新移民如此恐惧呢？】铁轨将我们从白人社区里分离出来，就像位于中间的瓦特区将南盖特区和林伍德区隔离开一样。【我想，在我们生活的社区中，甚至是学校里，是什么阻挡了人们去探索？】在大屏幕和名人闪耀的繁华都市，我们就像隐形人一样不为人所知，这些耀眼的光芒不属于我们。我们一生都要忍受好似自己不属于这个国家的痛苦。【当面对如此艰巨的阻碍时，是什么让我们继续奋斗呢？】

◇ 定期做思维过程的示范总是有用的。如果将布鲁姆教育分类法的元素讲清并给学生时间去实践后，这样的示范会更有效。

准备策略

图像式思考辅助工具

图像式思考辅助工具（参见问题8）能够帮助学生组织思维，它不仅可以用来记录事实，也可以用来激发学生高阶思维。罗伯特·马扎诺列举了一项研究，该研究所使用的图像式思考辅助工具和其他非语言展示实际上是对大脑活动的刺激和提升。我们有多种图像式思考辅助工具可供选择，这里介绍能够提升高阶思维技能的3种：

◇ 著名的维恩图解（又称文氏图）用来帮助我们比较和对比。维恩图解可以从两个集合扩大到3个或4个，进而提升其难度。

◇ K-W-L表（我知道什么，我想知道什么以及我学会了什么）有助于建立联系。如果每一栏中的每一个条目都有明确的关联，K-W-L表就会对提升高阶思维能力有特定的帮助。例如，一个学生在做一份关于纽约市的K-W-L表，他可能会在"我知道什么"一栏中写下"911恐怖袭击事件"，在旁边的"我想知道"一栏中，写下"为什么会选择袭击世界贸易中心？"接着，他可以在下面写下答案，或是在"我学会了什么"一栏中写下答案。以这样的方式使用图像式思考辅助工具比通常列在K-W-L表中的无联系的条目更能激发高阶思维。向学生介绍K-W-L表时，最好还要向学生解释使用K-W-L表的原因：当我们能将新知识、新概念和先前学过的知识联系起来的时候，能达到更好的学习效果。

◇ 卵石溪实验室的凯莉·杨鼓励教师将完形填空与图像式思考辅助

工具并用。表10.2是一个为英语初学者制作的完形填空练习，当然，任何难度的文章都可以用作完形填空。表10.3的图像式思考辅助工具请读者写出所填词语并给出理由——其他单词给了你什么提示吗？句子中动词的时态给你提示了吗？类似的图像式思考辅助工具可应用到不同的课程项目中。

在学生看过很多图像式思考辅助工具，并对新布鲁姆教学分类法熟悉之后，教师可以让学生制作不同课程的图像式思考辅助工具，并说明它们的制作方式。

表10.2　关于工作——完形填空

People need to earn money to pay for food to eat and a place to live. People work at (1)_____ to get money. Most adults work at jobs. The (2)_____ you get to work at a job is called a wage or a salary.

If you work at the same kind of job for a long time then you have a career. Most people have more than one (3)_____ during their lives.

People who graduate from high school make more money than people who do not (4)_____ from high school. You can make even more (5)_____ if you go to college.

It is important to work at a job to make money. It is also (6)_____ to work at a job you like. Some people find a job they like to do. Some people do not like to work for somebody else. (7)_____ start their own business.

Some people work for the government by becoming a teacher, a police officer, or a firefighter. There are many different types of government (8)_____. People can also join the military.

As you can see, there many different kinds of jobs. Students have a few years before they decide which one kind of job they want to do in their lives.

文章大意

我们需要赚钱，因为我们要为自己的衣食住行买单。人们工作的<u>目的</u>就是为了赚钱。大部分成年人都有自己的工作，而在工作中所得到的<u>报酬</u>被称为工资或者薪水。

如果你长期从事于一份工作，那么就可以说你拥有自己的事业，而在我们的一生中，大部分人都会从事不止一份<u>工作</u>。

高中毕业的人赚的钱要多于那些没有从高中<u>毕业</u>的人，而如果你上了大学，那么你赚的<u>钱</u>会更多。

从事一份能赚钱的工作很重要，而从事一份你所喜欢的工作也同样<u>重要</u>。一些人会找到一份自己喜欢的工作，而一些人则不喜欢为别人工作，所以<u>他们</u>会选择自己创业。

教师、警察或者消防员都是为政府工作的，有许多不同类别的政府<u>工作</u>，人们还可以去参军。

正如你所看到的，社会中有许许多多不同种类的职业，而学生们只有几年的时间来决定他们一生想要从事的职业。

表10.3 完形填空答题纸

请写出你在空白处填的单词，并给出原因。例如，哪些单词给了你提示？

所填单词	填词理由
1.	
2.	
3.	
4.	
5.	
6.	
7.	
8.	

应用布鲁姆教学计划分类表

不论是表10.1，还是你在网络上搜寻到的成千上万的其他版本，进行教学设计时布鲁姆教学分类图表能够起到很好的指导和提示作用。它并非一张用来确保老师将高级思维能力中的每一个层面都运用到每一节课中去的检查表，相反，它是一个指南针，能够反映出你在教学中囊括了高级思维能力中的哪些层面。

在多节课上融入几个层面并不是一件难事。例如，如果某一次的课程使用了表10.3，还借用了卵石溪实验室提出的关于如何有效讲解完形填空题的一些建议，我们则可以用以下方式通过新布鲁姆教学分类法的几个层面来分析一下这节课（注意，以下内容不是按照时间顺序排列的）：

◇ 记忆——当同学阅读完一整篇的完形填空时，老师请学生说出文章大意，可以要求学生画出陌生的单词，也可以要求学生根据内容制作一份和文章主题相关的K–W–L表。

◇ 理解——学生可以以画图方式表达他们所阅读的内容，还可以画出生词，并根据前后文线索进行讨论，来猜测生词的意思，或是通过查字典了解生词的意思。

◇ 应用——学生可以完成卵石溪实验室建议使用的流程：

⊙学生应先阅读一遍文章。

⊙思考哪些词可以填到空白处，然后选择最佳答案。

⊙先填写最简单的空格。

⊙最后重新阅读一遍文章。

◇ 分析——思考几个可能的单词。

◇ 评估——选择最佳答案，并在图像式思考辅助工具中写出理由。

◇ 创作——学生可以选择一篇文章做成完形填空的练习题（有技巧地留出空白，以便留下填词的线索），让同学来完成。

融入归纳性学习

归纳式教学是提升高阶思维的另一种方法，就像问题8提到的那样，归纳式教学利用大脑的本能趋向去寻求和生成模型，并引导大脑进入分析、判断和创造的层面，具体操作就是为学生提供一系列的例子，供其分类并用来创造概念或规则。关于学习动机的问题1举例说明了如何利用归纳式教学通过概念获得的方法帮助学生提高写作能力，同时，还提供了有关学生使用数据集的教学设计样本，这一数据集是由学生自拟而成的，旨在帮助学生了解今天所学内容对将来有什么帮助。

相反，演绎性教学法通常先将概念或规则提供给学生，然后再让学生练习如何应用这些概念和规则。

多项研究发现演绎性教学法是很有效的教学方法，以下是对4年级学生进行的一次演绎性教学：

……挖掘出作家为完成写作而采用的技巧，例如突出主题、人物描写、背景环境的设立以及动作描写。学生可以将作家的策略进行一定的调整，并在自己的写作中尝试应用这些策略……学年末，学生的写作成绩竟然优于8年级的学生在前一学年取得的成绩！除了讲述学习动机的问题1中提到的数据集外，我们在表10.4中还提供了另一个例子。

使用数据集教学的课程可参照关于问题1中所列的教学设计模板。新布鲁姆教学分类法又重述了这些方法，并使用了凯莉·杨所描述的步骤（改进版），凯莉来自卵石溪实验室，是训练教师使用归纳式教学方法的一位专家：

◇ 记忆——检验数据集：学生独自或两人一组阅读例子，总结例子的中心思想。

◇ 理解——通过总结或展示阅读技巧（形象化、建立联系等）继续检验数据集。

◇ 应用——概念建构：将例子分类为教师界定类型和学生界定类型。

◇ 分析与评估——解释数据：确定每一个类别的特性（关键性的普遍特征）。

◇ 创造——学生利用新的信息创建例子，并将其填充到之前的分类中，或用现有的例子进行模仿写作。将这些分类写成一些段落，进而将这些段落补充为一篇完整的文章，这样学生就完成了新数据集的建立。

再次强调，新布鲁姆教学分类法的分层并不是静态的积蓄，实际上，它的灵活性反映了学习过程的活力和动态。

表 10.4　有关旧金山的数据集

分类依据：历史，天气，可以参观的有趣地点

1. 1775年，胡安·曼纽尔·德·阿亚拉成为第一个来到旧金山的欧洲人。

2. 旧金山不下雪。

3. 1849年，有人在加利福尼亚发现了金子后，旧金山的人口由500暴涨到25,000。

4. 1989年的旧金山地震中有67人丧生。

5. 旧金山湾的魔鬼岛上曾有一座监狱。

6. 旧金山以它的缆车闻名，这里的缆车就像是小型的公交车。

7. 旧金山的唐人街里居住着30,000华人。

8. 海狮栖息在旧金山码头。

9. 旧金山湾的水十分寒冷。

10. 金门大桥横跨旧金山湾。

11. 柯伊特塔是为了纪念消防员而建的。

12. 旧金山是座多雾的城市。

13. 1906年的地震和火灾使得旧金山的一半都化为了废墟。

采用合作学习

一些合作学习的范例可用来有效地提升学生的高阶思维技能，主讲合作学习的问题11会进一步探讨使用合作学习的细节。

明确讲授新布鲁姆教学分类法

向学生讲授什么是新布鲁姆教学分类法、如何应用这种分类法以及该方法的优势是将高阶思维技能融入课堂的至关重要的一步。让我们通过下面这个教学设计样本来看一下我们应该怎么来具体实践这一观点吧。

教学设计

课程设计：布鲁姆分类法

教学目标

通过本课的学习，学生们将：

◇ 了解新布鲁姆分类法。

◇ 学习如何把这个方法应用到生活中和课堂学习中。

时间长度

2课时，每次45分钟。

汉语语言艺术共同核心标准

阅读

◇ 确定文章的中心思想或主题，并对其发展脉络进行分析，然后总结出支持论点的关键论据和细节。

写作

◇ 所写的文章要清晰连贯，文中的发展脉络、组织结构以及风格都要符合作文的任务要求和写作目标，同时还要有明确的读者意识。

听&说

◇ 与不同的伙伴展开一系列的谈话和合作，以他人的观点作为依托，然后再清晰而有力地表明自己的想法。

◇ 使学生们的演讲能够适应各种语境和交际任务，在指定的或者适当的场合，要能够恰当熟练地使用标准汉语。

语言

◇ 在写作和对话的过程中，要能够熟练掌握标准的汉语语法规则，并能正确使用。

◇ 在写作过程中，要能够熟练掌握标准的汉字书写、标点符号以及汉语词汇等方面的规则。

教学材料

◇ 黑板或投影仪。

◇ 为学生准备新布鲁姆教学分类法问题题干部分的纸质版或在互联网上搜索新布鲁姆教学分类法问题题干。

◇ 为每位学生准备布鲁姆的描述，即表10.1。

◇ 画板纸。

◇ 互联网。

◇ 为每位学生准备《3只小猪》的纸质版（见表10.5）。

流程

第一天

◇ 首先由教师引导话题："同学们，请用一分钟的时间思考一下你擅长的3样东西，例如电子游戏、篮球、烹饪，并将它们写下来，最好写下3个，如果你写不出3个，写出一两个也可以。如果你能想到更多，可以多写一些。"一分钟后，请他们将写下的内容给自己的同桌看，再请一些同学在全班展示。

◇ 老师提问学生他们花了多长时间才掌握了这项自己擅长的技能，并向学生解释："除非一个人拥有超能力，否则不可能一下子就把某件事做好，做好一件事是要花时间的。"

◇ 老师可以这样继续："例如，要想成为一名好老师，我首先想起了教过我的老师有好有坏（在投影仪或黑板上将"记忆"一词写在金字塔的最底层，用一个箭头与"我的老师"相连），然后我就开始阅读一些关于教学的资料，并与老师交流，向他们请教问题，开始有些理解了（将"理解"一词写在金字塔的倒数第二层，用箭头与"读书、和老师交流"相连），接着，我成为了一名家庭教师，开始应用我所学的知识（在金字塔的倒数第三层写下"应用"，用箭头与"家庭教师"连接），随后，我分析了学校的教学应该如何操作，运用自己现在的教学实践与以前学到的应该如何进行教学的理论相比较，我花了很长时间思考这个问题（在金字塔的倒数第四层写下"分析"一词，用箭头与"比较"相连），接着我评估了自己的教学并加以改进（在金字塔的倒数第五层写下"评估"一词，并用箭头与"决定做何种改变"相连），最终，我对自己独立授课有了充足的信心，并拥有了自己的风格（在金字塔的最顶端写下"创新"，并用箭头与"我的教学和我的风格"相连）。

◇ 接下来的几分钟老师就金字塔进行更详细的说明，要求学生从他们自己制作的擅长事情的清单中选出一项，按照刚才的示范制作一张金字塔状的表单，他们不一定必须要做成6层，可以少于6层，以此来引导学生思考如果想做好一件事，他们需要经历哪些阶段。学生应该尽力去思考他们所能想到的阶段，并像老师那样准备好给出设置这些阶段的说明。给学生5分钟时间去制作属于他们自己的金字塔。在这一过程中，老师会在学生中间巡视，看学生制作的金字塔是否体现了新布鲁姆教学分类法的等级划分。

◇ 学生将自己制作的金字塔展示给同桌。

◇ 老师向同学说明金字塔所展现的事物叫作布鲁姆分类法，并在黑板或投影仪上写下"布鲁姆分类法"几个字。老师提问学生："大家知道创造了这个分类法的人是谁吗？"（可加入幽默解说）。老师继续解释：有时在学校里我们老师花了过多的时间检测学生对知识的记忆，而这个分类法是用来展示逐级递增的思维阶层的。

◇ 老师选出两三个设计较好的金字塔作为范例在文本摄像机上展示。（"如果约翰一直只是看着别人玩滑板，他能把滑板玩得这么好吗？""如果特丽萨一直让她的父母读书给她听，她现在能成为一名出色的老师吗？"）向学生解释说教师们需要确保课堂教学能够提升学生的高阶思维能力，正因如此，教师才会在学生给出答案后追问为什么。让学生理解这些思维等级很重要，这样学生才能通过反思自己的思维过程来挑战自己。保持低阶思维很容易，而我们都知道一名优秀的读者在阅读时会对自己提问，这才是有效的阅读，所以，运用高阶思维自我提问能够促使我们对阅读内容进行深入挖掘。

◇ 老师向学生说明，熟悉布鲁姆分类法的一种途径就是要练习针对不同的层级提出相应的问题。老师将只有前两个等级层次的"问题题干"发给学生，发放的材料需要包含对这些等级层次的解释（也可以把表10.1发给学生们）。之前的教学材料部分说明了问题题干可以在网上找到。

◇ 教师向学生说明他希望学生用这样的题干"什么是……？在哪里……？"在"记忆"一层写下两个问题的例子，这一层与教学内容的主题相关。此外，老师要求学生简单画出"记忆"的概念。老师请学生将所写的东西与同桌分享，并请几名同学向全班展示。

◇ 接下来，老师利用同样的步骤进行"理解"这一层次："你是如何总结……的？""你能举个关于……的例子吗？"等等。

◇ 接着老师向学生说明每两个同学会得到一张画板纸。两个同学共同完成，他们需要挑出——他们所提的4个问题和画的4幅图画——每一层级中哪个问题和哪幅图画是最好的，并在画板纸上重新写下问题、画下图画，为明天课上要做的剩下4个层级留出位置。老师可以简单地向学生展示海报的样式，但只要其他层次还有位置，教师就要给学生留出充足空间去设计这一部分的内容。

◇ 学生制作海报。

第二天

◇ 通过学生制作的金字塔和海报，教师用几分钟来带领学生回顾前一天学习的分类法。

◇ 老师在投影仪上留下一份布鲁姆分类法的清单，请大家跟着他花几分钟的时间来实践操作这个分类法。老师拿起一支笔，问道："这是什么？它看起来像什么？"接着请学生用一分钟的时间来思考他的下一个问题："这些问题是布鲁姆分类法的哪个层级？"（记忆）老师继续拿着钢笔问道："这只钢笔可用来做什么？它有其他用途吗？"请学生思考这两个问题属于哪个层级（理解）。接着老师问学生："现在我们知道钢笔的用途，那么大家如何使用钢笔呢？有谁能过来为我展示一下？"并提问这些问题属于分类法中的哪一个层级（应用）。接着，老师问道："钢笔由哪些不同的部分构成？"老师请一位同学将钢笔拆开（留下拆分后的部件），提问学生这个问题属于哪一个层级（分析）。接着老师问道："我们是如何知道钢笔是用于书写的最好工具？为什么钢笔要比其他的工具更好呢？"提问同学现在处于哪一个层级（评估）。最后，老师问道："有什么更好的办法能让我们把这支笔组装起来呢？或者我们是否可以造一支新钢笔呢？"老师问同学现在处于什么层次（创造）。

◇ 接下来教师为下面两个层级分配问题题干，并重复前一天相同的步骤，要求学生写下两个问题并画出有代表性的插图，将这些与同桌分享，并让一些同学向全班展示。接下来的两个层级是"应用"（"如果……会发生什么？""你会如何使用……？"）和"分析"（"……的不同部分是什么？""你会如何把……进行分类？"）。学生继续完成海报的后面两个部分。

◇ 老师将题干分配给最后两个层级并将同样的步骤重复于"评估"（"在……中，哪个更重要？""在……中，哪个更好？"）和"创造"（"你会如何设计……？""你能改变……吗？""……的新方法是什么？"）中。

◇ 学生互相展示海报。

◇ 教师要说明他会定期要求学生对自己是如何在学习中使用分类法的较高层次进行分享和反思。

◇ 老师通过一个简单的布鲁姆分类法活动结束当天的课程——播放一段在线视频，利用《加勒比海盗》来说明布鲁姆分类法的各个层级或是让学生阅读《3只小猪》（表10.5），并让大家指出这3只小猪分别在哪里运用了哪些不同的层级。（这个问题没有固定答案，关键是学生要找到支撑答案的论据，学生们可以两人一组合作完成。）

评估

◇ 老师可以针对学生们制作的布鲁姆分类法海报制作一份适合其课堂情况的评价量表。

可能需要扩展或修改的方向

◇ 学生可以写出能够展示布鲁姆分类法各个层级的自己的故事，或是以小组为单位创作一个故事。

教学技术：网络寻宝游戏

用学生学过的一个科目，或是学生自己选择的话题，让每名学生制作一个网络寻宝游戏，这个游戏包含布鲁姆分类法各个层级的问题，通关的人必须回答出每一层级的问题后方可找到最后的宝藏。

表10.5　3只小猪

从前，有3只小猪，他们为了探寻外面的世界而离开了家。

夏天，他们度过了一段美妙的时光。他们玩游戏，和遇到的每个人成为朋友。可是，不久后，他们发现朋友们都开始意识到秋天和冬天就要来临，大家没有多少时间和他们玩耍了。这也让小猪们想起冬天会十分寒冷，如果不为自己建造房子的话，他们就会无处取暖烤火。

但是，3只小猪在建房子这件事上不能统一意见，于是他们决定各自建造自己的房子。

最懒的一只小猪说他要盖一座茅草屋，因为这很容易做到。另外两只小猪认为茅草屋经受不住整个冬季风雪的考验，试图劝说他建造更结实的房子，但是最懒的那只小猪不听他们的劝说，花了一天的时间就建成了一座茅草屋。

第二只小猪决定用木头盖房子，他找到了一些木头，花了两天时间把木头钉在了一起。

但是前两只小猪盖的房子，第三只小猪都不喜欢。"你不能花一两天的时间匆忙拼凑一座房子，一座真正能够抵御风雪和大灰狼侵袭的坚固房子是要花时间建造的！"

第三只小猪花了好几个星期才一砖一瓦地建成了他的房子，另外两只小猪曾来找他玩，还笑话他花了那么久的时间来盖房子，但什么事都不能阻挡他盖房子。

一天，小猪们看到了大灰狼的脚印，于是都往各自的家里跑去。

大灰狼追赶他们，先是到了茅草屋，他说："快出来吧，不然我就大吼一声，把你的房子吹倒！"小猪感到很害怕，没有出去。于是大灰狼使出了全身的力气嘶吼起来，茅草屋瞬间便倒塌了，但是这只小猪幸运地逃到了他兄弟的小木屋里。

大灰狼又跟着他来到了小木屋，说："快出来，不然我就大吼一声，把你的房子吹倒！"两只小猪没有出去，于是大灰狼又使出全身力气嘶吼起来，结果，脆弱的小木屋也倒塌了。还好，两只小猪又逃到了他们兄弟的砖房里。

大灰狼又跟着他们到了砖房那里，却无法把砖房吹倒——因为砖房盖得很结实。大灰狼看到了房顶的烟囱，就爬到了屋顶想从烟囱里钻进去，最聪明的那只小猪看到之后，立即点燃了炉火，结果，大灰狼从烟囱跌落下来，掉进了火堆里。他一边惨叫着从房子里跑出来，一边试着扑灭尾巴上的火。

大灰狼发誓他再也不钻烟囱了。

经历了这可怕的一天后，房子被毁掉的两只小猪都努力地盖了砖房。以后大灰狼再来这附近时都会看到3根烟囱，这是在提醒他那天经受的惨痛教训，他再也不敢靠近3只小猪了。

从此，3只小猪过上了幸福的生活。

——改编自《格林童话》

问题11

将合作学习融入
课堂的最好方法是什么？

我知道让学生分组学习是非常有效的，但每次我试着这样做的时候，学生们往往都会乱作一团，这并不划算，那么，我该如何在保证课堂秩序的情况下将合作学习融入课堂呢？

合作学习，就是学生们一同思考，交谈，学习，而非只是坐在那里默默地听"讲坛上的圣人"授课，如果使用得当的话，这种学习形式会成为强有力的教学策略。

罗伯特·马扎诺列出的多项研究表明，合作学习可以提高学生的学习成绩。除此之外，罗杰·约翰逊和大卫·约翰逊在检测了122项研究之后发现，合作学习会使学生对学校、学科领域、老师以及同学的态度更加积极，人际交往也会更加有效。

那么，我们要如何才能更加成功地在课堂中运用合作学习活动呢？针对这一问题，本章提出了一些通用指南，还对几种具体的课堂策略进行了综合评述，同时，还提供了一份课程设计的样本。

通用指南

◇ 控制小组成员数量，使其保持小规模。研究表明当小组人数控制在4人以内的时候，这一形式就能最大程度地提高个人的学习成绩，相反，如果小组的人数超过了4个人，那么这一形式则会不利于学习者提高成绩。对于合作学习的各种类型而言，罗伯特·马扎诺认为2人一组或者3人一组是最好的合作形式，会发挥最好的效果。研究人员也已经发现两个人一起可以更加直观地合作，而合作人数增加的话，其要求的准备工作也会增加。

◇ 小组不应该根据个人能力来划分（特殊情况除外）。当老师想要一些高水平的学生去参与某一个特殊的项目时，或者当一些学生需要老师重新给他们讲解一个概念时，我们可能就会根据学生们的能力将其划分成不同的小组了，但这种情况是很少的，绝大多数的时候，合作学习倡导异质分组。

要想使合作学习发挥最好的效果，老师就必须从战略上划分小组，也就是说，老师要比较深入地了解学生，比如，谁能够带动谁，谁会从其他同学身上获益匪浅，又或者哪两个同学近期发生了矛盾，因而不能分到一个小组，等等。

分组信息可能要取决于当天的课程进展以及班级中的氛围：如果你想让学生们迅速地完成思考—对话—分享环节，那么你让他们和自己身边的同学交流即可，而如果当时班级中的氛围十分低沉，大家都昏昏欲睡的话，你则可以指定分组，从而迫使大家离开他们的座位。

◇ 利用合作学习小组作为培养领导力的机会。和一些学生进行简单的私人对话，告诉他们你相信他们是领导者，并指出领导力是他们实现自己目标（参见问题1）所必需的一种素质，因此，你希望他们能够成为小组中的领导者，并且鼓励他们负起带动其他人的责任，以保证合作小组活动能够顺利开展。在这一年中，你要和每名同学都至少进行一次这样的对话，并且在他们参加了小组活动之后，还要试着去听取他们执行任务的报告，并一一对其进行点评。

利用合作小组培养学生领导力

◇ 要从战略上思考这些学习小组的座位分布，以及同一批学生在同一个小组中的持续时间，这两个要素是相关的。为了完成某一项耗时较长的项目，你可能会让两三名学生在同一个小组共同合作几个星期，又或者你会让同一个小组在相同的位置仅仅合作一个星期，去参与各种各样的合作学习活动——一些活动可能只需要几分钟，而一些则需要一两天的时间。

定期地为学生们指定位置可以使小组活动更加顺利地进行，老师还可以借此来隔离开那些容易受到彼此干扰而分散注意力的学生，所以老师可以制作一份合作学习小组的座位表，并且定期更换。

◇ 在把学生们分成小组之前，老师要解释清楚相关的任务说明和行为预期，可以通过口头讲述，也可以将其写在黑板上或者通过投影仪展示出来。在解释任务的时候，不要一次性跟学生下达太多的指示和说明，以防他们会不知所措。如果任务中的一部分将需要30分钟的时间，那么我们就有必要等到学生们准备好了，再告诉他们下一步要干什么。如果老师将任务说明和行为预期写在了黑板上或者通过投影仪展示出来，那么只需要回答学生们的问题即可。

行为预期可以包括：

⊙ 请只和你的搭档交流。

⊙ 请移动桌子，使你们能够面对面地坐着。

⊙ "身体前倾"是凯莉·杨在卵石溪实验室提出的一条指导方针。当我们在和别人合作或者交谈的时候，身体前倾会让我们更加警觉，更加清醒，更加积极，而如果我们的身体向后靠，情况则恰恰相反。事实上，研究人员已经发现高功率的姿势（包括身体前倾）会让人感觉到自己更有力量，而低功率的姿势（包括双眼向下看，同时双手放在膝盖上）则会强化一个人的无力感。

⊙ 请小声交谈，放低音量。

⊙ 每个人都应该有90秒钟的发言，然后开始倒计时。

⊙ 如果学生们需要一些材料，就说明每个小组应该让一个人来准备材料。

定期地模拟以上所列的这些行为会很有帮助，而更好的一种方式就是让学生们同时模拟恰当以及不恰当的行为，这一过程会很有趣，是一种重要而有效的提醒方式。

如果有必要的话，在新学期开始时，小组活动使用计分机制（参见问题4）会很有帮助，直到学生们积累了更多的经验。

◇ 老师要有一个自己的标志，表明学生们应该立即停止他们正在进行的活动并看着老师。老师要确保所有的学生都知道这个标志以及它所表示的意思。在合作学习的过程中，老师有时候会想要向大家解释某一个要点、突出强调一下学生们的例子或者给出进一步的指示和说明，将这一过程形成一个标准的程序会使活动进展得更加顺利。

只要学生能够明白老师的意图，即使老师只是举起手说一句"请大家注意一下"也可以很有效。当老师解释这一程序的时候，他可以说："我很喜欢小组合作，我知道你们中的很多人也喜欢这种形式，它的效果要比你们只是默默地坐在那里听我讲课好得多。但是要想让这种小组合作很好地运行，有时候我需要给你们提供进一步的指示和说明，这时就需要你们认真听我说，接下来我就要做这件事了，我们大家一起来练习一下。"

◇ 小组在合作完成课堂任务的过程中，老师应该一直在学生间走动，因为他需要即时回答学生们的问题，确保他们正在按照正确的方向进行，并监督每个人全心投入，发挥作用。为了保证这种效果，老师还可以告诉学生对大家的评估包括两种方式：既要考察其个人表现，又要评估其在集体合作中的表现和贡献。

合作学习策略

"思考—对话—分享"或"思考—写作—对话—分享"

这可能是当前课堂所使用的合作学习中最普遍的例子，它适合于回答高阶问题，而且还能带动学生们最大程度地参与课堂活动。

在这一形式中，需要老师向全班同学提出一个问题，请学生们花一分钟的时间思考如何作答后给出答案。老师要经常性地向学生强调写作能够帮助我们更加深入、更加清晰地去思考，还可以帮助我们阐明自己想要表达的内容，这就是老师让学生们把自己的回答写在纸上的原因。在大家回答问题的时候，老师可以借此机会来回走动，确定哪些同学回答得很好，同时向那些遇到困难的同学提供帮助。

老师要向大家说明写作可以帮助我们阐明自己的观点和想法，而对所写的内容进行讨论同样也可以起到相同的作用。解释完毕之后，老师可以让学生和一名合作伙伴分享自己所写的回答，大家的合作伙伴可以是靠近自己的同学，也可以由老师指定（这需要同学们离开自己的座位，和合作伙伴坐到一起）。在大家开始分享之前，老师要把具体的流程和行为期望告诉大家，以示提醒，例如，老师可以这样说：下面我会让大家和自己的合作伙伴互相分享彼此所写的答案，你们可以自行决定谁先发言，我希望当其中一个人说完之后，另一个人要向对方提一个问题，而你们所提的问题最好是关于我们之前学过的布鲁姆分类中的高阶问题。大家只能和自己的合作伙伴交流，下面你们有20秒钟的时间去调整自己的桌子，让你和你的伙伴相对而坐，调整好桌子之后就可以立即开始交流了，每一组交流的时间为5分钟。现在开始吧！

在同学们进行讨论的过程中，老师可以随意走动和观察，确定哪些同学可以和全班分享他们的回答（当老师确定了那几名同学之后，要告诉他们，以便他们做好准备），但是，这并不意味着老师就不会让其他的学生和全班分享，因为选定几名同学是为了让他们给大家提供一个示范，为接下来的讨论确定基调。在大部分人分享完毕之后，老师就可以让选定的同学在全班分享了，而不必等每一名学生都完成之后再开始，因为如果让大多数人等少数人的话，大家会很容易开小差，应对这种情况的另一种办法就是让较早完成任务的同学开始准备第二个问题的回答。

当学生们只剩下一分钟时，老师要提醒他们，然后让选定的几名学生和全班分享他们的回答，如果在这一过程中，他们和自己的伙伴采用了互问问题的形式，那么就还要和大家分享自己被问到的问题以及自己的回答。在这些同学发言结束之后，老师可以让其他学生向其合作伙伴就这几名同学所分享的具体内容进行提问，这种方法会进一步提高大家的课堂参与积极性。在开始这一活动之前，老师要指导学生去提问，确保他们提的问题能够带动自己的伙伴去思考，对此，老师要给学生提供一定的指导，这一点很重要，比如，为学生们提供一些好问题和坏问题的案例，利用概念获得的方法将两者清楚区分开来（参见前面章节中关于"概念获得"的例子）。

当然，有时候也可以组织一次简短一些的思考—对话—分享活动，老师可以简单地说："请大家思考一下下面这个问题：＿＿＿＿＿＿＿＿＿＿＿＿＿＿＿＿＿＿，给大家一分钟的时间……现在，请转身面向你的同桌，然后互相迅速地分享一下你们的回答。"

接下来，就可以开始班级讨论了。

📏 拼图

"拼图"这一术语描述了这样一个过程：当学生们精通了某一个大话题中的一部分之后，让他们和那些精通同一话题其他部分的同学聚集到一起，然后彼此互为老师，分享各自所掌握的知识。

这一过程最常用于阅读较长的文章时，但是对其稍加改变之后也可以适用于其他较长的项目和活动，例如，各个小组搜集一个人物传记的不同方面，或者一场战争的不同起因，又或者自然灾害的不同类型，然后互相分享自己所掌握的部分。

使用拼图方式过程如下所示：

1. 老师确定主要话题的构成成分，例如，可以将一篇阅读练习分为4个部分并对其进行编号：1，2，3，4。

2. 老师让全班同学报数，从1到4，循环反复（报数时的具体数字要取决于阅读练习被划分成了几个部分），一个循环为一组。

每一名学生都要默读和自己报的数相对应的那一部分内容，如数字为1的小组要阅读第一部分，依此类推，然后制定一份自己可以独立讲授的课程计划草案。对此，老师要为他们提供一份大纲或者一份简单的组织图，列出他们负责的各个部分的3项主要观点、如何将阅读到的信息和他们已经学过的内容联系起来、关键引语以及他们可能存在的问题。

然后，负责相同阅读部分的同学聚集到一起进行讨论，组成"专家小组"，此时学生对自己负责的部分已然精通，足以向他人进行讲解，老师最好在每一个小组中都安排一名领导者。学生们快速地和小组成员分享一下自己制定的教学计划草案，可以从别人那里借鉴一些好的观点，融入到自己的计划中，然后把他们要讲的课程内容确定下来。这一课程可能会包括制作海报，他们甚至要事先演练几遍。因为"专家小组"的规模可能会很大，所以每一个小组内部可以继续划分，直到每组只有3到4名成员。

3. 在每一个"专家小组"都准备好之后，每名同学要回到原来的小组，把自己负责的部分讲给小组成员听，而同学们则要负责向发言者提问。

"问题导向学习"和"基于项目的学习"

我们有许多种更加有效、更富活力的合作学习策略，这里简单介绍其中的两种——问题导向学习和基于项目的学习，这两种策略密切相关。

一般而言，如果学生们所参与的任务能够产生某一个具体的项目成果，比如报告、在线视频、PPT、海报等等，这就是所谓的基于项目的学习。问题导向学习也能够产生类似的成果，但是一般来说，这一策略下的话题都是学生们必须要解决的真实存在的问题。在任何情况下，这两种策略都需要几天到几个星期的时间才能完成。

基于项目的学习的话题形式多样，可能会包括分角色表演一段历史上著名的审判，将黑死病和当代科学联系起来，或者在学校组织一次母亲节。

问题导向学习的任务可以包括在火星上设计一个居住区、检测一下如何才能更有效地组织和运营学校的餐厅，或者让学生帮忙鼓励社区居民参与垃圾分类活动等。

教学技术：合作讲故事

在合作讲故事这个活动中，由一个人开始讲故事，讲完一部分之后，由其他人继续，依此类推，直到讲完这则故事。这种合作学习的活动会很有趣，进展也会很快。我们可以借助互联网获得许多网络工具制作在线的合作讲故事活动，比如QQ群，MSN群，这种在线活动操作起来更加简单，而且还可以创建私人的小组，只允许你所选定的那些人参与这个故事的创作。

适合以上这两种策略的活动很多，本章中的课程设计主题就是让学生试着判断哪一种社区是最好的以及他们愿意住在哪一种社区中，旨在让学生（尤其是居住在城市中的学生）学会审视其所居住社区的有利条件以及不足之处。通过这一单元教学，学生们会明确什么是一个好社区所具备的最重要的品质和特征，并利用这些品质作为标准来将他们居住的区域和一个更加繁荣富裕的地区进行比较，写出一份具有说服力的短文，来说明他们理想中的好社区是什么样的，并设计规划一个好社区，即让学生们确定一些方法，以使他们的居住区变得更加理想化。本课程设计为合作学习策略提供了一种示范和模板。在很多的问题导向学习和基于项目的学习的设计中，相同的小组会合作完成课程中的不同方面，而在本设计中，无论小组规模多大，学生们都要独立完成不同的要点。

教学设计

课程设计：社区的比较

教学目标

通过本课的学习，学生们将会：

◇ 明确他们最重视社区的哪些品质和特征。

◇ 利用这些特征作为标准，将他们居住的区域和另一个更加繁荣富裕的社区进行比较。

◇ 写一份具有说服力的短文，解释一个社区为什么会优于另外一个社区，他们可以选择自己居住的社区作为比较好的那一方。

◇ 设计一个理想的社区，并写一篇文章对其加以描述。

◇ 因为本课还列出了多个可能的扩展和延伸，只要我们实施其中的任何一个，就需要增加新的教学目标。

时间长度

每课时45分钟，连续10次。

汉语语言艺术共同核心标准

阅读

◇ 确定文章的中心思想或主题，并对其发展脉络进行分析，然后总结出支持论点的关键论据和细节。

写作

◇ 所写的文章要清晰连贯，文中的发展脉络、组织结构以及风格都要符合作文的任务要求和写作目标，同时还要有明确的读者意识。

◇ 利用包括互联网在内的各种教学技术来写文章，并进行发布和分享，同时和他人进行互动和合作。

[听&说]

◇ 与不同的伙伴开展一系列的谈话和合作，以他人的观点作为依托，然后再清晰而有力地表明自己的想法。

◇ 使学生们的演讲能够适应各种语境和交际任务，在指定的或者适当的场合，要能够恰当熟练地使用标准的汉语。

[语言]

◇ 在写作和对话的过程中，要能够熟练掌握标准的汉语语法规则，并能正确使用。

◇ 在写作过程中，要能够熟练掌握标准的汉字书写、标点符号以及汉语词汇等方面的规则。

教学材料

◇ 电脑投影仪和互联网使用权限。

◇ 分别为每名学生准备一份"社区具备的重要品质和特征"材料（见表11.1）、"社区调查表"（见表11.2）、"社区实地考察清单"（见表11.3）、"设计你的理想社区"（见表11.4）以及两个社区的地图。

◇ 允许所有学生在计算机房上两次课，每次1个课时。

◇ 海报纸和彩色笔。

◇ 为每位学生准备一个文件夹。

流程

◇ 在开始本单元的课程之前，要至少花两个星期的时间为学生们去这两个社区（或者其中之一）进行实地考察做好准备工作。

[第一天]

◇ 老师给学生们一分钟的时间，让他们思考一下自己最喜欢所住社区的哪一点，并写在纸上，一分钟之后，请大家和自己的同桌互相分享所写内容，老师请几名学生朗读一下自己的回答，并把这些答案写在画板纸上，或记录在电脑中，通过投影仪展示出来。

◇ 向大家说明本课要开始一个长达两个星期的项目——两个社区的比较，即他们自己所在社区以及当地最富裕的一个社区，判断哪一个更好，然后再设计一个理想的社区。

◇ 分发"社区具备的重要品质和特征"材料（见表11.1），让大家对其中所列内容进行评估，并提出一些他们认为很重要的特征。几分钟之后，学生们两两一组，共同完成整个项目中的大部分内容，并试着制作一份公共列表。

◇ 老师让学生们分享一下他们自己提出的新特征，将这些新内容列在班级列表中，并告诉学生们挑选自己觉得重要的新内容加入自己的列表中。

◇ 接下来，让学生把自己挑选出来的所有重要条目归到"社区成本"、"社区居民"、"社区服务"这三个类别之中（这是归纳学习法的一个案例），每一个条目只能归到一个类别之中。

◇ 给每位学生发一个文件夹，让他们在上面写上社区项目的标题，并把关于这一单元的所有材料都放在这个文件夹中，老师会安排一名同学在每次课开始时给大家分发文件夹，而在每次课程结束时再把大家的文件夹收回来。

◇ 老师在投影仪上展示一下学校附近社区的地图，并展示一份"社区调查表"（见表11.2）。老师要评述一下这份调查表上的所有内容，并指出明天的课程要在计算机房进行，大家需要在指定的网站上查找一些信息。老师先演示一下如何利用这些网站查找相关信息，同时说明大家要根据自己对所住地区的了解，列出他们认为很重要的其他信息。老师还可以考虑利用已有的链接去建立一个博客或网站。

第二天

◇ 老师带领学生来到计算机房，研究学校附近社区的邮政编码数据信息，学生们可以独立进行，也可以和自己的伙伴合作完成。

◇ 向大家说明全班同学将要去实地考察他们所在社区，并完成社区实地考察清单（表11.3），当然，老师要事先评述一下这份考察清单中的内容，并说明一点：在实地考察时，大家要以4人一组，即两对儿合作伙伴一起进行。当学生们实地考察时，他们不仅要完成这份清单，还应该拍照，以便上传到项目博客中或者班级活动群里，供大家观赏。

第三天

◇ 学生们继续对他们的社区进行实地考察。

第四天

◇ 之前，学生们已经明确了哪些品质和特征对于社区来说很重要，并将这些特征罗列出来，组成了一个数据集。此时，他们要取出这份数据集，进行核对，如果他们实地考察的社区具备其中的某些特征，就用彩色笔在上面做出标记。

◇ 老师向学生们展示一个更加富裕的社区的地图，并说明他们要去计算机房研究和已考察社区相同的问题。

◇ 学生们会得到另外一份社区调查表，查找其中的信息，他们可以独立完成，也可以两人一组合作进行。

◇ 明天要安排去这个更加富裕的社区进行实地考察，所以老师会介绍一下具体的路线（关于实地考察，我们可以借助谷歌街景地图，用在线虚拟观察来代替真实的考察之旅）。

第五天

◇ 学生们或者亲自去这个更加富裕的社区进行实地考察，并填写实地考察清单表，或者由老师使用电脑投影仪引导大家进行在线的虚拟考察，并完成这份清单表。

第六天

◇ 学生们要取出之前完成的社区重要品质和特征数据集，进行核对，如果他们这次考察的这个更加富裕的社区具备其中的某些特征，就用另一种颜色的彩色笔（要和他们之前考察自己所在社区时用过的颜色区分开）在上面做出标记。

◇ 老师让学生们把一张纸对折一下，分成两半，其中一半的顶端写上他们所在社区的邮政编码，另一半上写出另一个社区的邮政编码。然后，列出他们分别从这两个社区中发现了哪些重要品质和特征，要注意使用不同的颜色将这两项区分开。然后，聚在一起互相比较彼此列出的内容。

一般来说，针对自己所在社区列出的品质和特征要多于另一个社区。

◇ 接着，学生们独立完成一份具有说服力的论文，在文章中要阐释清楚哪一个社区更好。

第七天

◇ 学生们继续完成他们的论文，如果条件允许，学生们可以将他们所写的论文上传到班级博客中，以便大家互相阅读，互相点评。学生们还可以使用他们在实地考察时拍的照片制作PPT或视频并进行演示。

第八天

◇ 让学生们设计规划一个理想社区，他们可以独立完成，也可以和指定的合作伙伴共同设计。老师要综述一下发给学生们的材料（见表11.4），并向大家示范一个已设计好的社区模型。

第九天

◇ 学生们设计完成他们的理想社区，并写出论文（只限两个段落）。如果需要的话，老师可以让学生们把这份短文扩展成一篇完整丰富的正式调查报告。

◇ 在剩下的时间中，让学生们以快速约会的形式和大家分享自己的成果，展示自己设计的理想社区，每对同学展示完毕之后，其他的同学要至少向他们提一个问题。

第十天

◇ 学生们继续完成他们的设计和论文，并练习一下如何将自己的成果展示给大家。

◇ 然后，让学生们互相展示自己的成果。

评估

◇ 老师可以制定适合其教室情况的评价量表，对同学们的写作、公共演讲和合作进行评估。

可能需要扩展或修改的方向

学生们应该：

◇ 通过一些文学作品，阅读一些关于虚构社区的内容。

◇ 听一些关于社区的歌曲，并试着自己创作一首关于社区的歌曲。

◇ 利用从这两个不同的社区中获得的数据创建一个信息图表。

◇ 盖洛普民意调查开展了一项关于"社区的灵魂"的研究，其调查范围涵盖了26个地区，研究发现一个好社区具备一些最普遍的特性。对此，学生们可以将这些特性综述一下，然后把盖洛普民意调查发现的这些最普遍特性和他们自己选择的品质和特征进行比较，并讨论其中的区别。

◇ 综述一下城市规划者所认为的好社区应该具备的特征，然后让学生把城市规划者的观点和自己的选择进行比较，并讨论一下其中的区别。

◇ 学生们通过对比他们设计的理想社区，可以发现他们当地的社区缺失了哪些要素，进而努力使当地社区得以改善。

教学技术：姊妹班

老师可以在中国或者其他国家联系一个姊妹班，两个班可以同时开展一个关于社区的项目和专题，并通过网络在线展示、共同分享彼此所在的社区情况。

表11.1　社区具备的重要品质和特征

对下面的每项品质和特征进行评级：1=不重要；2=有一点重要；3=非常重要。

当你完成每一项的评级之后，请用一句话解释一下你为什么给出这样的判断。（例如：假设你将第五项内容——"附近有公园"评为3（非常重要），那么你就要写出理由，比如你可以说："我把这一项评为3，是因为我的家人经常去公园里玩，所以这一项很重要。"

你也可以添加其他的特征。

1. 人口籍贯多样性。_____

2. 乘公共汽车或者地铁很容易到达目的地。_____

3. 住房便宜，负担得起。_____

4. 附近有教堂。_____

5. 附近有公园。_____

6. 附近有商店。_____

7. 附近有学校。_____

8. 附近有医院。_____

9. 住在这个社区的很多人都和你属于同一个籍贯。_____

10.

11.

12.

表11.2 社区调查表

邮政编码：_____

社区居民：

1. 居住在这一社区里的居民的组成？

汉族_____%   少数民族_____%

本地人_____%   外地人_____%

外国人_____%

2. 这一社区居民的平均年龄是多大？_____

社区服务：

1. 附近有多少公园？_____

2. 附近有多少学校？_____

　　小学_____   初中_____

　　高中_____   大学_____

社区成本：

1. 租金平均为多少？

2. 请写出最后售出的10所住宅的购买价格（参考当地报纸数据库）。

备注：请写出关于这一社区的其他信息，包括你认为有趣的信息，或者你认为适合放在数据集中的信息。

表11.3 社区实地考察清单

所在社区	富裕社区
人们的居住区： 每当你看见下面选项中的建筑，就标记一次： 别墅_____ 双层公寓_____ 公寓（单元房）_____ 平房_____	**人们的居住区：** 每当你看见下面选项中的建筑，就标记一次： 别墅_____ 双层公寓_____ 公寓（单元房）_____ 平房_____
选择一栋别墅，回答以下问题： 这栋别墅： 很大_____中等大小_____ 很小_____ 周围是否有围栏？ 有_____ 没有_____ 铁丝网围栏_____ 木头栅栏_____ 其他种类的围栏_____ 它有多少窗户？_____ 你喜欢这栋别墅吗？_____	**选择一栋别墅，回答以下问题：** 这栋别墅： 很大_____中等大小_____ 很小_____ 周围是否有围栏？ 有_____ 没有_____ 铁丝网围栏_____ 木头栅栏_____ 其他种类的围栏_____ 它有多少窗户？_____ 你喜欢这栋别墅吗？_____
商业区： 当你看到以下选项中的建筑或机构时，请标记出来： 食品店_____ 民族食品商店_____ 服装店_____ 餐馆_____ 公共医疗卫生服务_____	**商业区：** 当你看到以下选项中的建筑或机构时，请标记出来： 食品店_____ 民族食品商店_____ 服装店_____ 餐馆_____ 公共医疗卫生服务_____
其他的商业机构： 你还看到了什么你喜欢的商业机构吗？	**其他的商业机构：** 你还看到了什么你喜欢的商业机构吗？
请核对以下公共设施： 公交车站_____ 地铁_____	**请核对以下公共设施：** 公交车站_____ 地铁_____

表11.4　设计你的理想社区

你要设计一个你理想中的社区，可以利用你在实地考察中了解到的信息、在开展实地考察之前就已经罗列出的社区品质和特征以及通过电脑收集到的关于这两个社区的所有信息。

你设计的理想社区至少要由几个街区组成，如果你想让社区的规模更大的话，可以把两张纸合并在一起，同时，你也需要在你设计的地图中提供一个图例注记。

你可以自己独立设计，也可以和你的搭档合作，如果你要和搭档合作设计的话，你必须要用一张画板大小的纸，而且在确定终稿时，必须要先大概地画一幅草图。

完成设计之后，你需要针对你设计出的理想社区写一篇论文。

论文的第一部分必须要详细地描述一下你设计的社区，并用部分篇幅来描述一下住在这里的居民，比如，这里是否存在民族多样性？是否住着大量的年轻人？大多数家庭的收入情况如何？你也可以使用在计算机房中查到的相关信息。

在论文的第二部分中，你必须要解释一下你为什么要按照这种方式设计你的理想社区。

问题12

如何在课堂中
最佳地利用学习型游戏 ？

我知道学生们很喜欢在课堂中玩游戏，我也很喜欢，但是，我担心自己不能最大程度地利用课堂游戏所能提供的学习机会，而且我并不确定应该组织大家在课堂上玩什么样的游戏、什么时候开始玩游戏以及如何准确地组织每一次的课堂游戏。

威廉·葛拉瑟把我们对于乐趣的需要看作是人类的一项基本需求，并认为满足我们这种需求的一种方法就是去学习一些新的东西。当然，对于我们大多数人来说，是否能够获得乐趣，还要取决于我们所学习的这种新东西具体是什么。玩游戏对那些不重视学习、尤其是不重视基础信息或者概念的学生有很大的帮助，因为游戏可以让学生以一种亲身参与的方式巩固和复习所学习的课堂内容。

根据神经系统学研究员勒纳特·凯恩和杰弗里·凯恩的研究，我们发现通过将一种玩乐感融入课堂的方式可以帮助学生们达到被神经系统学称为放松警觉性的状态。

处于放松警觉性状态的人不太具有攻击性，而且往往会接受高度挑战……从本质上来说，处于这种状态的学习者心情轻松，甚至会很激动、兴奋，会更加投入……在这种状态中，学习者往往会表现出自信，感到自己很有能力，并产生一种很有意义、目标明确的感觉。兼任神经学家老师的朱迪·威利斯曾经说过：学生，尤其是青少年，更有可能将所学到的信息储存为长期记忆，日后，通过参与活动，他们还会恢复对这些信息的记忆，将其调动起来。

在回顾了60项关于将游戏融入课堂的实验之后，罗伯特·马扎诺发现只要操作得当，将游戏融入课堂中会帮助学生们提高他们的学习成绩，平均增幅高达20%，他提出有效的学习型游戏应该包括以下特征：让学生们面临低风险（在不影响成绩的前提下，可以设置一些简单的奖品）；将关键性的学习内容融入游戏中；借用玩游戏的机会帮助学生们认识到他们还没有学会的基本信息；给学生们时间，让他们去反思一下自己在某一个游戏中都学到了什么。

除了罗伯特·马扎诺对于学习型游戏提出的这些标准之外，我们还要考虑以下几点内容：

1. 它不需要老师做过多的准备工作，甚至完全不用准备。

2. 游戏中所需要的大多数材料都由学生们自己来准备——游戏的准备过程本身也是一种学习经历。

3. 这种课堂活动不会花费老师太多的时间，还不需要花钱。

4. 这种游戏所设计的开展方式能够有效地鼓励班里的全体学生时刻都参与其中。

5. 在老师多次示范之后，这种游戏可以定期地由学生们来引导。

尽管本章是围绕能够帮助学生们参与课堂活动的学习型游戏而展开的，但有研究表明，我们也可以在课堂中设计一些活动作为娱乐，这对那些被视为低水平的学生们会产生积极的影响，例如，我们可以将完形填空题、排序活动、对数据集进行归类等活动设为谜题，这可以大大提高学生们的兴趣和表现欲。

准备策略

本章中，有一小节列出了一些低技术含量的游戏，还有一小节分享了一些将电脑技术融入课堂的简单方法，而使用这些电脑技术并不要求我们具有相关的技术经验，这些游戏都可以为学习者所借鉴。

使用小型白板即可进行的游戏

很多时候，我们只需使用几块小型的手持白板（附带马克笔和板擦或者一块抹布）就可以让游戏顺利开展，甚至有时候我们还可以用便条纸来替代白板。

将全班同学分成2至4人一组的合作小组（回顾问题11中的相关研究），你可以改变小组的构成方式，有时候可以允许学生们自行选择他们的合作伙伴，而有时候要通过报数的方式来确定他们各自的小组成员，不管是哪一种方式，如果老师发现有一个小组太强或者太弱的话，你都有权利去重新调整他们的小组成员。

其中的一种模式就是首先提出一个问题，让学生们写出问题的答案（或者给出一个答案，然后让他们写出对应的问题），时间为20秒或者30秒钟，让他们把答案写在白板上（要告诉大家在你说"时间到"之前，他们不能举起自己的白板），时间一到，让他们公布自己小组的答案，回答正确的小组会得到相应的分值。通过这种方式，每一个人都有机会获得分数，而且，你可以设定竞赛规则，在回答最后一道题的时候，允许每一个小组赌上自己的全部分数或者部分分数（就像电影《危险边缘》一样）。老师们还可以采取另一种办法，即列出学生们在写作中常犯的一系列错误，并把它们写在白板上（很显然，不要标出是哪位同学犯的错误），然后让学生们展开竞赛去纠正这些错误。这两种活动既可以通过白板进行，也可以在纸上完成，还可以在线进行。

标题线索是源自密歇根州立大学的一种极具难度的在线游戏，对其进行改编之后，它就可以适用于课堂中了。在这一游戏中，参与者会看到第一个段落，但是标题中的两个单词会丢失，参与者就必须根据第一个段落中的线索来确定丢失的单词具体是什么，当老师示范几个例子之后，学生们就可以自己制作这种游戏了。

需要学生们制作材料的游戏

拼词成句是一个非常受欢迎的游戏，这需要老师给学生们准备一些空白的索引卡片，或者由学生们自己剪出一些小纸片。每名学生都要从自己读过的书或者课文中找出一句话，并将这句话写在准备好的卡片上（每张卡片上只能写一个词语或者一个标点符号），然后，大家把这些卡片打乱顺序，并用回形针将其夹在一起，每名学生都要按照相同的步骤准备5个句子。然后，老师把这些卡片收集起来，将全班分成几个小组，每个小组分发一摞卡片，让他们将每组卡片中的词语和标点符号按照正确的顺序排放、组成一个完整的句子，而在规定时间内完成句子最多的小组为获胜组。当一个小组觉得自己组成了一个正确的句子时，老师可以过去检查一下，并给这个小组一个相应的分值，然后取走这组卡片。

我们在之前提到过，归纳学习法的其中一种策略就是让学生们将数据集归类。老师可以让学生们利用他们学过的内容去准备一些数据集中的类别名称，并简单地列出每一个类别下的所有项目，然后，一名学生可以向同学们读出自己所列出的一个类别中的项目，并给每个学习小组一些时间，让他们试着判断出这些项目应该属于什么类别。例如：一名学生可以说出一个项目——在采石场工作，然后给每个小组30秒钟的时间，让他们写出这条内容所属的类别，如果没有小组能够回答正确的话，这名学生则可以跳过这一条内容，继续说出另一条项目，比如踢足球等等。

老师还可以让学生们列出20个思考题，并附带答案，然后，每名同学都要轮流向所有的小组提一个问题，让他们把回答写在各自的白板上，而当学生们提问时，他们就能自动获得一分。但是，老师要事先告诉大家一点：如果老师认为某位同学提的问题过于简单，负责提问的这名同学就需要回答老师另一个问题，只有这样，这名同学才能得到这一分。为了确保每名学生向全班同学提的问题不会重复，每名学生所列出的思考题数量应该和全班学生数量相同，简单来说，如果你的班里有30名学生，那么就让每名学生列出30个思考题，并附带每道题对应的答案。

游戏是课堂学习的一个有益补充，正如电视剧《火线》中的罗兰·普瑞兹·普莱兹拜勒斯基在剧中所说的那样：在某些情况下，游戏是很有帮助的，因为（通过游戏）你会诱使他们认为自己并不是在学习，而且他们确实这样做了。

问题13

运用教学技术的
最简便方式是什么 ❓

人们一直在讨论把教学技术融入到课堂当中，我也同意这个观点，但是我希望除了我们用笔和纸在课堂上所能做的事情之外，教学技术能够为我们带来更多的显而易见的好处，而我希望自己无需学习一大堆新技术和新技能就可以做到，但我不知道要怎么做才能同时达到这两项标准。

使用教学技术可以辅助我们完成一些工作，但这并不意味着它能够自动强化学生所学到的知识，这一章节中所提到的观点阐述了如何在不需要运用过多新技能的前提下促进学生的学习。这种方法可以惠及所有学生，无论你的教学能力处于什么水平，无论你已经拥有多少年的课堂教学经验，它们都会为你的职业发展提供很棒的机会。

这个章节分为3个部分：把教学技术融入课堂教学极其简易的方法、把教学技术融入课堂教学的简易方法和学生如何使用电脑学习。第二部分提出的方法比第一部分提出的略复杂一些，但是，如果第一部分列出的方法你已经得心应手的话，那么再去领会第二部分的一系列方法也就不成问题了，最后一部分内容则针对学生们在计算机实验室或者在课堂上使用电脑学习提出了一些建议。

准备策略

把教学技术融入课堂教学极其简易的方法

✎ 使用电脑投影仪

如今，电脑投影仪正逐渐大量运用到课堂教学中，它可以把电脑里的影像轻松地展示在大屏幕上。对老师而言，使用电脑投影仪的最大好处就是我们可以轻松地在课堂上展示视频短片，而不必使用录像机、DVD机或者小型电视机。学生也可以通过电脑投影仪进行课堂展示，或者进行全班同学都可以参与的在线学习游戏。

✎ 使用文本摄像机

如果老师们一直使用投影的话，那么不用再做幻灯片会是每一位老师的梦想，而文本摄像机则能帮助他们实现这一梦想。假设一位老师同时使用电脑投影仪和文本摄像机，把任何物体（一个小东西、一张纸、书中的某一页）放在文本摄像机上，这些东西都可以被投射到大屏幕上，并通过大屏幕显示出来。同样地，也可以让学生把他们的作业作为优秀示范轻松地展示出来，这无疑也是一种很好的教学工具。

为学生学习创造真正的观众

如果学生们知道他们成果展示时的观众不仅是老师一个人时，他们就会不遗余力地投入到学习中。下面我们来介绍一些简单的实践方法。

任何文件，包括Word文件，都可以迅速地上传到互联网上，学生作业展示非常便捷。

我们有两个简单的选择。第一个选择是创建一个免费的博客，让学生把自己的文件上传至博客，而其他同学可以在同一区域就所看到的内容发表自己的评论。或者，建立班级共享群，将学生们的文件和评论收集至一个文件夹里，供学生们阅览。

第二个选择是注册公用电子邮件，让每一位学生上传自己的文件，老师与学生可以通过发送邮件的方式进行交流、点评。

另外，学生们可以把课堂作业复制粘贴到许多地方，以便与其他地区甚或全球各地的学生一起分享自己的成果。这种可能性会让学生们感到很兴奋，他们的参与水平也会因此提高，比如说，谷歌允许用户在上面发布文本、图片甚或视频来创建事件的时间轴，大家可以为自己喜欢的作品投票，所有人的作品都会被保留下来进行展示。你可以在谷歌上创建一个话题，鼓励学生进行讨论，或者添加一个话题，发动学生参与阅览、评论等。同时，学生们还可以在当地、国内或者国际的任何一个网站上写下对时事的在线评论。

注释网页

不少老师鼓励学生通过画标记、贴便签或者直接写在书边空白处来展示学生们使用的阅读技巧，同样，对于在线的阅读材料也可以这样标注。我们可以在网上找到诸如iMarkup等工具软件，安装后就能在网页上添加上自己的注释，当你再次访问该网页时，这些注释就会自动显示出来。事实上，任何文件都可以上传，转换成网页格式，供个人和集体标注，这样就能让全班同学看到其他人的范本了。

组织研究

许多学生需要培养组织能力，尤其是在进行研究时。学生们一旦找到对自己的研究项目可能有帮助的网页，就可以将其保存到书签页或者收藏夹里，以便将来参考。

把教学技术融入课堂教学的简易方法

关于使用教学技术给学生的学习带来增值效益，我们来介绍几种稍微复杂的方法。

学生演示录像

录下学生的课堂演示内容，以便可以重复播放，方便接受他人的评估——当然，最好首先由演示者们进行自我评估，然后再接受他人的评估，这体现了对演示者的尊重——这种方式可以为学生们提供巨大的学习动力。

和姊妹班进行在线联系

选择一个姊妹班，与之建立在线联系。为了达到更好的效果，建立联系的姊妹班最好来自其他国家。现在建立这样的链接很容易，事实上，有很多网站建立的目的就是专门用于实现班与班、学校与学校之间的联系的。

参与或创建虚拟实地考察旅行

通过互联网，我们可以体验很多很棒的虚拟实地考察旅行，对于老师和学生们来说创建属于自己班级的虚拟实地考察旅行简单易行，而且还是免费的，当课堂上所教的任何一个单元受到财务预算的限制时，虚拟实地考察旅行就可以解决这一问题。这种方式一般被认为较为薄弱而力度不够，但是相对于昂贵的实际考察旅行来说，这种虚拟的考察旅行无疑提供了一种很好的替代方式。

还有许多方式可以把教学技术有效地融入到课堂教学中，这些方式可能会比本章节里所列的方法复杂得多，又或者和使用低技术含量或并不使用任何教学技术来完成同一学习目标相比，它们并没有任何优势，因而备受争议。但在我看来，使用教学技术可以为学生提供定期的变化步伐，这本身会是一个有用的教学策略。

学生们如何使用电脑学习

当学生们使用电脑开展项目学习时，有以下几点需要牢记：

◇ 电脑更多的是强化关键概念，而非教授概念。

在互联网上有许多可用的学习型活动，但是学生们不能经常向电脑提问一些细致的问题，因为它并不能轻松地解答这些具有细微差别的问题，也不能识别学生脸上疑惑的表情。来自计算机程序的"恭喜你"字样和老师微笑着给予的肯定是不一样的，学生们可以从电脑中学习到许多事实，但是要想借用电脑学习概念则困难得多，而且电脑并不能很好地解释歧义。

当学习者在使用电脑时，有一种技术非常有效且适用，这种方法被称为"预习—学习—复习"。在双语课堂中，这种方法可解释为首先用学生们的母语对课程进行简短的概述，再用第二外语学习课程，最后用母语做简短的复习，这一环节也可以进行问题解答。

使用这种"三明治夹心面包"法，课堂中间的时段是结合计算机操作的时间，两端的时段则是老师与整个班级的互动时间。同样，在电脑室里，这种方法也能够很好地发挥其作用。社区组织者将这种简单的过程称为计划、行动、评估。当然，在学生使用电脑时，老师也要不断循序渐进地鼓励学生，不要只坐在那里。

◇ 计算机应该用于发展和加深学生彼此之间的关系，而非学生和显示屏的关系。

孤零零的一棵红杉树可以生长，但却没有红杉树林里的红杉树长得高大。当红杉树成片生长时，树根便会在地下相互联结、相互缠绕，这种联结便形成了更坚固的根基，使树木长得更高。

这个道理同样适用于我们的学生，是的，单独面对电脑时，学生可以学到某些知识，但也只是和计算机显示屏建立起了关系。就像在常规的课堂中一样，学生们一起学习才能够创造出更多的可能性，还可以培养更多的技能。（详见问题11）

◇ 利用电脑学习的时间培养学生的领导力，而不是仅仅让他们成为你的跟随者。

找出表现特别出色的学生，或者那些能够很快且很有技巧地理解所做内容的学生，请他们去帮助其他同学。在学年初的时候，提醒学生我们会有这种互助学习的可能性，并花一些时间在班里讨论"引导某人做某事"和"替某人做某事"两者之间的区别，当然，这需要运用一些典型案例加以示范。

◇ 减少操控学生的时间，花更多的时间培养学生的自制力。

是的，我们需要随时了解学生在用电脑做什么，以确保我们的学生知道如何使用这种贵重的设备。但我们不能时刻盯着学生，防止他们开小差或者做别的事情，这样会使你心身疲倦而学生心生反感，反而达不到预期效果！要想轻松而有效地让学生充分利用电脑好好学习，我们必须事先做一些准备，比如，在进入电脑实验室之前，我们要开展一次发人深思的班级讨论，当学生们犯错时，我们要组织反思性的私人对话，从教育学生终身学习的原则和目的来说，这种方式要比严厉的斥责和惩罚更有效。

教学技术是课堂教学中的一个很好的辅助工具，也是一节精妙设计的课程必不可少的保障，但正如一位不知名的经济学家说过的那样：

技术有其用武之处，但也绝对不能滥用。

"常青藤"书系—中青文教师用书总目录

书名	书号	定价
"走遍世界看教育"系列		
世界最好的教育给父母和教师的45堂必修课（《芬兰教育全球第一的秘密》2）	9787500692423	28.00
芬兰教育全球第一的秘密（珍藏版）（《中国教育报》等主流媒体专题推荐，台湾教育类畅销书榜第一名）	9787500687436	28.00
7个习惯教出优秀学生（全球第一畅销书《高效能人士的七个习惯》教师版）	9787500687948	29.00
美国最好的中学是怎样的——让孩子成为学习高手的乐园（白金版）	9787500685838	28.00
"世界名师新经典"系列		
优秀教师是这样炼成的：用心教育	9787500672555	23.80
下课后来找我：资深老师给同行的建议	9787515307114	28.00
优秀教师一定要读的60个教育故事（传达60种爱的教育方式）	9787500696285	25.00
高中课堂管理–行为管理的9项策略（第二版）（被誉为美国"课堂管理圣经"）	9787500695714	29.00
快乐山巅：从亿万富翁到优秀教师	9787500695189	20.00
来自美国最优秀教师的建议（入选《中国教育报》"2010年影响教师的100本书"）	9787500694427	25.00
美国最优秀教师的自白（新版）（进入地方学校、教育机构教育用书征订目录）	9787500683001	26.00
优秀教师的课堂艺术（白金版）（第一本唤醒教师快乐积极的教学技能手册）	9787500654001	26.00
怎么做孩子会爱上学习（入选"21世纪中国教师必读的百种好书"，《中国教育报》"2010年影响教师的100本书"）	9787500685968	22.00
"好老师教学策略"系列		
快速调动学生参与的99个方法（被誉为美国调动学生参与最有价值之书）	9787515317069	31.90
教学可以很简单：高效能教师轻松教学7法	9787515314457	25.00
从优秀教师到卓越教师：极具影响力的日常教学策略	9787515312378	33.80
快速改善课堂纪律的75个方法（白金版）	9787515313665	28.00
高效能教师备课完全指南	9787515312361	23.80
开始和结束一堂课的50个好创意	9787515312071	19.80
好老师激励后进生的21个课堂技巧	9787515311838	23.80
提高学生学习效率的9种教学方法	9787515310954	27.80

书名	书号	定价
老师怎么说，学生才会听（白金版）	9787515312057	28.00
好老师说服难缠家长的16堂课（入选《中国教育报》"2010年影响教师的100本书"）	9787500688778	23.80
如何应对难缠的老师	9787515306315	25.00
好老师应对课堂挑战的25个方法（珍藏版）（《给教师的101条建议》作者新书）	9787500699378	25.00
好老师因材施教的12个方法（美国著名教师伊莉莎白"好老师"三部曲）	9787500694847	22.00
好老师征服后进生的14堂课（珍藏版）（美国著名教师伊莉莎白"好老师"三部曲）	9787500693819	25.00
好老师可以避免的20个课堂错误（白金版）（入选《中国教育报》"2010年影响教师的100本书"）	9787500688785	21.50
改善学生课堂表现的50个方法（入选《中国教育报》2010年和2011年"影响教师的100本书"）	9787500693536	23.80
给教师的101条建议（增订图文版）（《中国教育报》"2009年最佳图书"奖）	9787500673842	27.80
万人迷老师养成宝典（珍藏版）（入选《中国教育报》"2010年影响教师的100本书"）	9787500689300	23.00
优秀教师一定要知道的17件事（美国当前最有影响教育畅销书作者全新力作）	9787500671961	23.00
为孩子更强大而教书（世界名师梅耶尔"教学三部曲"）	9787500685234	18.00
如何在考试时代提升教育本质（世界名师梅耶尔"教学三部曲"）	9787500685227	19.00
我是这样和家长沟通的：美国当代名师写给家长的信（入选《中国教育报》"2010年影响教师的100本书"）	9787500684572	20.00
"先锋教育"系列		
★ 如何成为高效能老师（美国最畅销教师用书，销量超过350万册，最专业、最权威、最系统的教师培训第一书）	9787515301747	68.00
如何打造高效能课堂（美国《学习》杂志"教师必选"奖，"激励教师组织"推荐书目）	9787500680666	29.00
杰出青少年的14堂人生哲学课	9787500696742	25.00
优秀班主任的50条建议：师德教育感动读本（《中国教育报》专题推荐）	9787515305752	23.00
快乐教学：如何让学生积极与你互动（入选《中国教育报》2010年和2011年"影响教师的100本书"）	9787500696087	29.00
爱·上课（李希贵、窦桂梅推荐，教育界真实版《麦田里的守望者》）	9787500693383	23.00
爱·读书（李希贵、窦桂梅推荐，中国版《窗边的小豆豆》，诠释中国教师《爱的教育》）	9787500693918	25.00
凭什么让学生服你（增订版）	9787500675204	26.00

书名	书号	定价
别和青春期的孩子较劲（增订版）（入选《中国教育报》"2009年影响教师的100本书"）	9787500676232	28.00
中学课堂管理的7个要点	9787500675723	19.00
教师、学生和家长焦点难题解决方案（升级版）（入选《中国教育报》"2011年影响教师的100本书"）	9787500672906	35.60
培养高情智学生的7堂课	9787500686088	18.00
那些让孩子感到幸福的事儿——给父母和老师的建议书（《中国教育报》"2010年特别推荐奖"，新闻出版总署"2010年大众最喜爱的50种图书"）	9787500692072	25.00
"新教育实验基地"系列		
88种美国中小学经典课堂教学活动	9787515314419	32.00
老师没讲的24件事（引爆千万人感动、教育界深思的励志佳作）	9787500698418	19.00
每天10分钟，发现孩子的6项潜能	9787500679905	24.80
跳出教育的盒子：从优秀到卓越教师的成功策略（美国中小学教学经典畅销书）	9787500689508	35.00
杰出青少年的7个习惯（精英版）（中小学图书馆推荐书目、中国青少年必读书目）	9787500649083	28.00
杰出青少年的6个决定（领袖版）（中小学图书馆推荐书目、中国青少年必读书目、全国优秀出版物奖）	9787500672241	28.00
打开生命的16封信：生命教育经典范本	9787500699408	21.50
如何成为尖子生（新版）（事半功倍的高效学习方法，3小时成为学习高手）	9787500668596	23.00
学习之道：美国公认学习第一书	9787500679240	28.00
躺着，也能学好数学	9787500688556	27.00
英美中小学都在玩儿的数学游戏：多少只袜子是一双	9787500688884	25.80
小偷也要懂牛顿	9787500688020	20.00
"教师专业成长"系列		
高效能教师的9个习惯（教师职业成长"圣经"）	9787500699316	23.00
教师职业的9个角色（白金版）（美国国家教育学会教师教育委员会、哥伦比亚大学教育学院推荐书目）	9787500681014	23.80
教师健康的38个细节	9787500673033	22.00
给年轻老师的信（真希望我年轻时就懂的道理）	9787500696834	23.00

书名	书号	定价
年轻教师的五项修炼	9787500694304	23.00
给新教师的忠告	9787500671954	17.80
师范学院学不到的	9787500679455	17.80
是什么让教师不断进步（升级版）（入选《中国教育报》"2011年影响教师的100本书"）	9787500672401	23.80
班主任一定要面对的9个问题（新版）	9787500672937	22.00
教师应该做到的和能够做到的（白金版）（美国中小学教师指定培训教材）	9787500669401	33.00
教师一定要思考的四个问题：今天，我们怎样做教师（增订版）	9787500668565	27.90
教师压力管理的10堂课（第一本全面关注教师工作和生活压力的书）	9787500686569	20.00
如何成为优秀教师：英美教师职业成长"圣经"	9787500672920	26.00
"一本书读懂世界教育家"系列		
和优秀教师一起读卢梭	9787500698326	23.00
和优秀教师一起读福禄培尔	9787500698807	23.00
和优秀教师一起读蒙台梭利	9787500698333	23.00
和优秀教师一起读杜威	9787500699071	27.00
和优秀教师一起读马卡连柯	9787500698609	27.00
和优秀教师一起读苏霍姆林斯基	9787500698401	27.00
"优秀校长之道"系列		
校长时间管理的9项策略	9787500695851	23.00
20位美国优秀校长如何创建好学校	9787500695707	23.00
创新型学校：给学校管理者的9个策略（入选《中国教育报》2010年和2011年"影响教师的100本书"）	9787500693628	23.00
给校长的127条建议（入选《中国教育报》2010年和2011年"影响教师的100本书"）	9787500694779	23.00
如何调动和激励教师（增订版）（入选《中国教育报》2009年和2011年"影响教师的100本书"）	9787500673828	29.00
优秀校长一定要做的18件事（入选《中国教育报》"2009年影响教师的100本书"）	9787500673835	26.00
如何提升学校的内力（升级版）	9787500672159	21.80
美国获奖中小学校长的建议	9787500675211	20.00

书名	书号	定价
校长在塑造学校文化中的角色	9787500672142	17.80
优秀小学校长一定要知道的30件事	9787500674115	19.00
"名师大讲堂"系列		
名师谈阅读教写作：真正思考语文课的终极目标问题	9787500692966	29.00
"中小学教师学科必备"系列		
优秀小学语文教师一定要知道的7件事（窦桂梅畅销作品）	9787500674139	20.00
优秀小学数学教师一定要知道的7件事	9787500675181	19.00
优秀小学班主任一定要知道的8件事	9787500676607	16.00
优秀中学班主任一定要知道的12件事	9787500674108	18.00
优秀初中语文教师一定要知道的11件事	9787500674146	22.00
优秀高中语文教师一定要知道的11件事	9787500675730	28.80
优秀高中数学教师一定要知道的10件事	9787500674153	20.00
优秀高三英语教师一定要知道的12件事	9787500675297	23.00
优秀中学政治教师一定要知道的7件事	9787500674122	18.00
优秀中学历史教师一定要知道的10件事	9787500675198	20.00
优秀中学地理教师一定要知道的6件事	9787500680031	18.00
优秀初中物理教师一定要知道的10件事	9787500675716	16.00
优秀中学化学教师一定要知道的7件事	9787500680024	23.00
教师延伸悦读		
高效能人士的七个习惯（全球头号畅销书）	9787500649038	49.00
首先，打破一切常规（盖洛普管理经典系列）	9787500647508	48.00
盖洛普优势识别器2.0：《现在，发现你的优势》（升级版）	9787515308036	68.00

您可以通过如下途径购买：

1. 书　　店：各地新华书店、教育书店。

2. 网上书店：当当网（www.dangdang.com）、亚马逊中国网（www.amazon.cn）、天猫（zqwts.tmall.com）
　　　　　　京东网（www.360buy.com）、苏宁易购网（www.suning.com）、第一街（www.diyijie.com）。

3. 团　　购：各地教育部门、学校、教师培训机构、图书馆团购，可享受特别优惠。

　　购书热线：010-65516873 / 65518034